Tirso de Molina

Antona García

Barcelona **2024**
Linkgua-ediciones.com

Créditos

Título original: Antona García.

© 2024, Red ediciones S.L.

e-mail: info@linkgua.com

Diseño de cubierta: Michel Mallard

ISBN tapa dura: 978-84-9897-288-7.
ISBN rústica: 978-84-96428-08-9.
ISBN ebook: 978-84-9897-119-4.

Sumario

Brevísima presentación

La vida

Tirso de Molina (Madrid, 1583-Almazán, Soria, 1648). España.

Se dice que era hijo bastardo del duque de Osuna, pero otros lo niegan. Se sabe poco de su vida hasta su ingreso como novicio en la Orden mercedaria, en 1600, y su profesión al año siguiente en Guadalajara. Parece que había escrito comedias y por entonces viajó por Galicia y Portugal. En 1614 sufrió su primer destierro de la corte por sus sátiras contra la nobleza. Dos años más tarde fue enviado a la Hispaniola (actual República Dominicana) y regresó en 1618. Su vocación artística y su actitud contraria a los cenáculos culteranos no facilitó sus relaciones con las autoridades. En 1625, el Concejo de Castilla lo amonestó por escribir comedias y le prohibió volver a hacerlo bajo amenaza de excomunión. Desde entonces solo escribió tres nuevas piezas y consagró el resto de su vida a las tareas de la orden.

La política y La vida bucólica

Enrique IV ciñó la corona castellana en 1454, cuando Isabel la Católica apenas tenía tres años. En 1468, el monarca la reconoció heredera al trono en el pacto de los Toros de Guisando, privando de sus derechos sucesorios a su propia hija, la princesa Juana, llamada la Beltraneja, porque se sospechaba que era hija de Enrique Beltrán de la Cueva, duque de Alburquerque.

En 1470 Enrique IV desheredó a Isabel y restituyó su condición de heredera a Juana. Esta decisión provocó una sangrienta guerra que se prolongó hasta 1479, en que se firmó el tratado de Alcazobas en el que Portugal reconoció a Isabel como reina de Castilla y se estableció la zona de expansión castellana en la costa atlántica de África.

Aquí se escenifican algunos de esos acontecimientos y Antona es un personaje popular de una dimensión épica comparable a Juana de Arco.

Personajes

Antona García
Antonio de Fonseca
Bartolo, pastor
Carrasco, pastor
Centeno, pastor
Cuatro caballeros
Cuatro castellanos
Cuatro labradores
Cuatro pasajeros
Cuatro portugueses
Cuatro soldados
Chinchilla, soldado
Don Álvaro de Mendoza
Don Basco
Doña María Sarmiento
El almirante de Castilla
El conde de Penamacor
El marqués de Santillana
El rey don Fernando
Gila, pastora
Juan de Monroy
Juan de Ulloa
La reina Isabel la Católica
Músicos
Pero Alonso
Una ventera
Velasco, soldado

Jornada primera

(Salen marchando la Reina, el Marqués, el Almirante, y don Antonio de Fonseca, con otros soldados.)

Reina
No nos recibe Zamora;
que el mariscal y su hermano,
Valencias en apellido,
portugueses en sus bandos,
se han apoderado de ella.
Castronuño nos ha dado
con las puertas en los ojos,
por Alfonso, lusitano,
enarbolando pendones.
Toro se muestra contrario
al derecho de mi reino,
Y leales desterrando
de la ciudad, Juan de Ulloa
por el marqués, animado,
de Villena, determina
dar al portugués amparo.
Doña María Sarmiento,
su mujer, vituperando
su misma naturaleza,
en el acero templado
trueca galas mujeriles;
plaza de armas es su estrado,
sus visitas, centinelas,
y sus doncellas, soldados.
Todos a Alfonso apellidan,
por reina legitimando,
a doña Juana, su esposa,
por muerte de Enrique IV,
mi hermano, que tiene el cielo;

sabiendo que a don Fernando,
mi esposo y señor, y a mí
los ricos hombres juraron
por principes de Castilla
en los Toros de Guisando.
Mas ciégalos la pasión
y el interés. No me espanto;
la inocencia está por mí;
los más nobles castellanos
mi justicia favorecen;
la verdad deshará agravios.
Mis tíos, el Almirante
de Castilla, con su hermano
el conde de Alba de Aliste,
por mí arriesgan sus Estados.
Toda la casa Mendoza
y el cardenal, fiel y sabio,
don Pedro, que es su cabeza,
de Enrique testamentario,
por su reina me obedecen.
Reconóceme vasallo
don Rodrigo Pimentel,
en cuya experiencia y años
justifico mi derecho,
y en Benavente ha mostrado
contra quinas portuguesas
la lealtad que estima en tanto.
La casa de Guzmán tengo
en mi ayuda, y la de Castro,
con el duque de Alburquerque
que noble sigue mi campo.
Lo principal de Castilla
y León, vituperando
acciones de los inquietos,

rehusan reyes extraños.
Pocas ciudades me niegan.
En Burgos está sitiando
la fuerza el rey, mi señor;
si Toledo es mi contrario,
su arzobispo le violenta,
con ser él por cuya mano
fui princesa de Castilla.
Mal parecen en prelados
mudanzas escandalosas,
y peor en viejos que, varios
son, por seguir sus pasiones,
a sus consejos ingratos.
¿Qué importa que el de Villena
en armas ponga su bando
con Girones y Pachecos,
Ponces, Silvas y Arellanos?
Los Cabreras y Manriques,
los Cárdenas y Velascos,
valientes se les oponen,
resistiendo los hidalgos.
Dios ampara mi justicia,
ricos hombres, no temamos;
la verdad al cabo vence,
no la pasión. Marche el campo.

Almirante   A valor tan generoso,
cuando fuera menos claro
el derecho que a estos reinos
intentan negar livianos;
cuando mi padre no fuera
abuelo del rey Fernando,
rey natural de Aragón,
de nuestra España milagro,

y una misma nuestra sangre,
el esfuerzo soberano
de esa virtud atractiva,
no los hombres, los peñascos
llevara, invicta Isabela,
tras sí. Mi vida, mi Estado,
ofrezco a vuestro servicio.

Reina   Tío almirante, el reparo
de mi reino estriba en vos.

Marqués   Yo, gran señora, no aguardo
sino ocasiones que muestren
la fe y lealtad con que os amo.
No os den recelo las quinas
portuguesas, si intentaron
ofenderos, que por vos
ya la fortuna echó el dado.
No rebeldes os asombren,
que sin justicia son flacos
ejércitos enemigos,
y ella sobra contra tantos.
Seis mil montañeses deudos
en vuestro servicio traigo;
si no bastan, haced gente,
vended mi Hita y Buitrago.

Reina   Vuestra persona, marqués
de Santillana, es espanto
de todos nuestros opuestos;
con ella sola yo basto
a conquistar nuevos mundos.
Al cardenal, vuestro hermano,
como a padre reverencio,

que es pastor discreto y santo.

Antonio   Yo, en nombre de los demás,
            invicta senora, salgo
            fiador que fieles sabremos
            morir, pero no olvidaros.

Reina   Don Antonio de Fonseca,
            de vuestros antepasados
            heredastes generoso
            lealtad y valor hidalgo.
            Marchemos a Tordesillas,
            que en ella el socorro aguardo
            del conde de Benavente.

Todos   ¡Viva Isabel y Fernando!

(Suenan dentro gaita y tamboril y fiesta.)

Reina   Aguardad. ¿Qué fiesta es ésta?

Antonio   Una boda de villanos,
            que en este pueblo vecino
            sale a festejar a el prado.
            Tengo en él alguna hacienda;
            y aunque no son mis vasallos,
            como señor me obedecen.
            Habíanme convidado.
            a que fuese su padrino;
            pero en negocios tan arduos
            dejé, por lo más lo menos.
            Entretuviérase un rato
            vuestra alteza, a no venir
            con la prisa y los cuidados

que la guerra trae consigo;
porque, sencillos y llanos,
causan gusto sus simplezas;
mas no es tiempo de hacer
caso de rústicos pasatiempos.

Reina

No, don Antonio, hagan alto,
que adonde a vos os estiman,
pretendo yo con honrarlos
que sepan en lo que os tengo.
Lícito es en los trabajos
buscar honestos alivios,
que un pecho real es tan ancho
que pueden caber en él
aprietos y desenfados.
Gocemos la villanesca.

Antonio

Pues es la novia milagro
de las riberas del Duero,
y hay de ella sucesos raros.
Asombra con la hermosura
a cuantos la ven, y tanto,
que de Toro y de Zamora
generosos mayorazgos
se tuvieran por felices
de que, dándola la mano,
disculpara su belleza
algún ribete villano.
Mas es de suerte el extremo
en que estima su ser bajo,
que antepone el sayal pobre
a las telas y bordados.
Sus fuerzas son increíbles.
Tira a la barra y al canto

14

con el labrador más diestro,
y hay carretero de Campos
que rodeando hartas leguas
por verla, desafiados,
a los dos tiros primeros
perdió las mulas y el carro.
Llevaban a ajusticiar
en Toro a un su primo hermano,
y al pasar junto a un convento,
llegándose paso a paso,
cogió al jumento y al hombre,
y llevándole en los brazos,
como si de paja fueran,
los metió en la iglesia a entrambos.
Echáronle los alcaldes
en su casa seis soldados;
que aunque labradora es rica,
y dándoles los regalos
caseros que un pueblo tiene,
porque no se contentaron,
cogió del fuego un tizón,
obligándolos a palos
a que en el corral se echasen
dentro de un silo, y cerrados
con la trampa en él los tuvo
hasta la mañana, dando
un convite a los gorgojos,
que el hambre en ellos vengaron.
Si me juzga vuestra alteza
en esto demasiado,
la boda sale al encuentro.
Porque vea que la alabo
con razón, experimente
en la novia dos contrarios

de hermosura y fortaleza
y en lo uno y otro milagro.

(Música de aldea. Labradores y, entre ellos, Bartolo, Carrasco; detrás, de las manos, Antona García a lo labrador, de novia, y Juan de Monroy, también labrador. Cantan todos.)

Todos   Más valéis vos, Antona,
que la corte toda.

Uno   De cuantas el Duero
que estos valles moja
afeitando caras
tiene por hermosas,
aunque entren en ellas
cuantas labradoras
celebra Tudela.

Todos   Más valéis vos, Antona.

Otro   Sois ojiesmeralda,
sois cariredonda,
y en fin, sois de cuerpo
la más gentilhombra.
No hay quien vos semeje,
reinas ni señoras,
porque sois más linda.

Todos   Que la corte toda.
Más valéis vos, Antona,
que la corte toda.

Antonio   Llegad, Antona García,
con vuestro esposo a besar

los pies a quien quiere honrar
vuestras bodas este día.
    La reina, nuestra señora,
esta merced gusta haceros.

Antona

A la mi fe que con veros
tan apuesta y guerreadcra,
    mos dais de quien sois noticia.
Mal haya quien mal vos quiere,
y quien viéndoos no dijere
que vos sobra la justicia.
    Todos los puebros y villas
que por aquí se derraman
la Valentona me llaman,
porque no sufro cosquillas;
    no las sufráis vos tampoco,
pues Dios el reino os ha dado
que os viene pintiparado,
y quien lo niega es un loco.
    Para ser emperadora
del mundo érades mijor,
pues venis, por dar amor,
con cara de regidora.
    No es comparanza el abril
con vos, aunque lo encarecen;
vuesos dos ojos parecen
dos matas de perejil.
    Toda vuesa cara es luz
que encandila desde lejos,
vuesos cabellos bermejos
parecen al orozuz.
    De vuestra vista risueña
no hay voluntad que se parta;
gloria es veros cariharta

honrar la color trigueña.
   En las dos mejillas solas
miro, según son saladas,
rosas con leche mezcladas,
o cebollas o amapolas.
   Yo tengo el pergeño bajo;
mas díganme los presentes
si igualen a vuesos dientes
los brancos dientes del ajo.
   Pues, ¿y el talle y la cintura?
Estas cuatro higas os doy,
que a la fe que loca estoy
viendo vuesa catadura.

Reina

   Y yo, Antona, agradecida
al amor que me mostráis.
Con sencillas muestras dais
señales de bien nacida.

Antona

   Nuesa Señora del Canto
mi feligresía es;
en ella nací de pies,
dando a la comadre espanto.
   Bautizáronme en su igreja;
mire ella si bien nací,
hidalga no, pero sí
sin raza y cristiana vieja.

Reina

¿Y quién es el desposado?

Antona

Hinojaos, Juan de Monroy.

(De rodillas.)

Monroy	Yo el novio, señora, soy de la Antona a su mandado, y en la ciudad también moro.
Reina	Pues ¿por qué en este lugar os salís a desposar si sois vecino de Toro?
Monroy	Tenemos la hacienda acá y este puebro está mijor para cuidar la labor. Además que por allá la ciudad toda está llena de bandos que el rey derrama.
Reina	¿Cómo este pueblo se llama?
Antona	¿Quién? ¿Éste? Tagarabuena.
Reina	Dios os haga bien casados.
Monroy	Mantenga Dios su presona.
Reina (Dale una cadena.)	Tomad esta joya, Antona, que si salgo de cuidados, yo me acordaré de vos.
Antona	Más hijos para y más hijas que tien la sarta sortijas, y sean de dos en dos, papas reinando a la par, y el mayor el puesto ocupe de prior de Guadalupe, que no hay más que desear.

Bartolo	Señora si porque solo
	se casa Antona García.
	la ha dado su reinería
	cadenas, yo so Bartolo,
	que huera marido ya
	a topar a quien querer;
	más cuando no haya mujer
	no falta son la mitá.
	Media cadena la pido
	hasta que Gila mechera;
	pues si Antona es novia entera,
	Bartolo es medio marido;
	y encadenados quizá
	Gila y yo, haremos de modo
	que después casado y todo
	vaya por la otra mitá.
Labrador I	¡Quita, necio!
Labrador II	¡Bestia, calla!
Bartolo	Quitaos vos y callá vos.
	Verá. Pues ¿no hay más de dos
	maridos de media talla?
	Pintadas vi muchas veces
	figuras, verdad vos digo,
	como hombres hasta el lombligo,
	que de allí abajo son peces,
	y yo en viéndolos decía:
	«Medio maridos serán
	que de noche huera están
	y en casa duermen de día.»

Reina	Antona, ya estáis casada;
	vuestro esposo es la cabeza;
	id con la naturaleza
	en sus efectos templada.
	No hagáis de hazañas alarde,
	porque el mismo inconveniente
	hallo en la mujer valiente
	que en el marido cobarde.
	Olvidad el ser bizarra,
	viviréis en paz los dos;
	aliñad la casa vos,
	mientras él tira la barra.
	No os preciéis de pelear,
	que el honor de la mujer
	consiste en obedecer,
	como en el hombre el mandar,
	y vedme cuando entre en Toro.
Antona	Por ser vueso ese consejo,
	desde hoy mis bravuras dejo,
	que a la mi fe que os adoro.
	Mas, reina, también vos digo
	que en dando en cabecear,
	quien no vos deja reinar
	y vos persigue enemigo,
	si en vuestro favor tomare
	armas, no os dé maravilla,
	que ha de ser vuestra Castilla,
	pésele a quien le pesare.
	En cuanto esto, no me pasa
	por el pensamiento ser,
	como me mandáis mujer,
	la cabeza sí de casa.
	Obligada estoy por vos,

y he de pagar a quien debo;
la sarta que al cuello llevo
mos encadena a los dos.

    Mande y rija mi marido,
pues Dios su yugo me ha puesto,
pero no me toque en esto,
que no será obedecido;
    que en siguiendo armas tiranas
contra vuesa real corona,
entonces a fe de Antona,
que han de ir rocín y mazanas.
    Perdone padre y marido.

Reina   A ser todos como vos
no hubiera guerras, adiós.

Almirante   ¡Brava mujer!

Reina   Yo he tenido
con ella un alegre día.

Antona   Bailemos y despidamos
la reina con fiesta.

Reina   Vamos,
notable Antona García.

(Vanse y cantan los villanos.)

Todos   Por Morales van a Toro,
por Tagarabuena y todo.

Uno   Si a ver iban sus amores
por Morales los pastores,

las zagalas cogen flores
del Duero entre arenas de oro.

Todos   Por Tagarabuena y todo.

(Quédanse Bartolo y Carrasco.)

Bartolo   Carrasco, oíd si os agrada.

Carrasco   ¿Qué tenemos?

Bartolo   Dame pena
que Antona lleve cadena
por solo que esté casada,
   y Gila por no querer
conmigo matrimoniar,
en el puebro dé qué habrar
y mi amor eche a perder.

Carrasco   ¿Qué, en fin la tenéis amor?

Bartolo   Yo no sé si es amorío
este desconcierto mío,
sí es angustia, sí sudor.
   El pecho se me basuca
y me dan ciciones luego.
Si esto es amor, dóle al huego,
que pardiez que es mala cuca.
   Si vuesa edad no me endilga
lo que es, abridme la huesa.

Carrasco   Bartolo, celera es ésa.

Bartolo   Estó hecho una pocilga

de celos, que por ser tercos,
poner al hombre de lodo
y andar gruñéndolo todo,
se comparan a los puercos,

Carrasco

Pues bien, ¿y ella sabe acaso
que la amáis?

Bartolo

Sí.

Carrasco

Bueno está;
¿y habéisla habrado?

Bartolo

Verá.
Pullas la echo a cada paso.

Carrasco

Pescudo si la habéis dicho
vueso amor.

Bartolo

Por comparanzas,
y ayer cerniendo las granzas
la declaré mi capricho.

Carrasco

¿De qué modo?

Bartolo

Darvos quiero
relación de esa demanda.
Ya vos veis del modo que anda
el gaticinio en enero.
Estaba una gata bizca
con cierto gato rabón
allá en el caramanchón,
éste tierno, la otra arisca,
Cual si le pegaran ascuas

y en su lenguaje gatuno
se decían cada uno
los enombres de las Pascuas.
    Porque si explicarlos quiero.
siempre que el gato maullaba
de maullera la llamaba,
y ella con «fuf», de fullero.
    En fin, con gritos feroces
andaban dando carreras,
que gatos y verduleras
sus faltas se echan a voces.
    Escuchábalos allí
Gila, envidiosa de verlos,
y yo, que iba a componerlos,
la manga —¡pardiez!— la así
    para que no se me escape,
y como su amor me afrige,
«miz», hocicándola, dije.

Carrasco   Y ella, ¿qué os repuso?

Bartolo   «¡Zape!»
    e imprióme tal aruño
que el carrillo me pantó.
Agarréla entonces yo,
mas ella cerrando el puño,
    escopir hizo dos muelas
deshaciéndome un carrillo.

Carrasco   Hizo bien, porque un gatillo
de ordinario es sacamuelas;
    y ése hué lindo favor.

Bartolo   ¿Lindo? A otros dos, si me toca,

despoblárame la boca;
pero otro me hizo mayor.

Carrasco   ¿Mayor? ¿Cómo?

Bartolo   Hué al molino,
y yo tras de ella antiyer,
y acabado de moler
llegué a cargarla el pollino,
    y cuando el costal le pongo,
dos yemas sin clara echó,
y a la primera que vio,
dijo: «¡Pápate ese hongo!».
    Yo como la vi burlar,
las manos la así y beséselas,
y aruñómelas y aruñéselas
y volviómelas a aruñar.
    Tiróme una coz después,
pronóstico de una potra,
y yo tirándola otra
jugamos ambos de pies.
    Y durando el retozar,
volvióme dos y aparéselas,
y tirómelas y tiréselas
y volviómelas a tirar.

(Sale hilando Antona.)

Antona   ¡Alto! al ganado, Bartolo,
que bueno de boda ha estado.

Bartolo   ¡Mas matalla! ¿Hoy al ganado?

Antona   Sí, que le dejaste solo,

26

y están cerca los majuelos
del cura, y si se entra allá
la guarda los prenderá.

Bartolo   No nos faltaban más duelos.
    ¿Hoy, que sois novia, hiláis vos
y a mí al hato me enviáis?
Temprano en casera dais;
enriqueceréis los dos.
    Dejad que llegue mañana
y holguémonos entretanto.

Antona   Hoy, Bartolo, no es disanto;
mas gastemos la semana
    en fiestas. Donde no hay renta
trabajar es menester.
Casera pretendo ser,
si he sido hasta aquí valienta.
    ¿El sermonador no puso
ayer una comparanza,
que como al rey la lanza
honra a la mujer el huso?

Bartolo   Sí.

Antona   Pues las alforjas saca,
que yo hago lo que debo.

Bartolo   Vaya, cedacico nuevo,
el primero día en estaca.

Antona   A estercolar fue mi Juan.
No me repliques, camina;
echa en la alforja cecina,

cebollas, nueces y pan,
y al hato con la mochila...

(Vase Bartolo cantando.)

Bartolo   Hilandera era la aldeana;
más come que gana, más come que gana.
¡Ay! Que hilando estaba Gila;
más bebe que hila, más bebe que hila.

(Salen a lo soldado el conde de Penamaco y don Basco.)

Conde   Llaman a Alfonso V desde Toro,
que ya a Zamora con su campo llega;
y aunque el partido de mi rey mejoro,
si esta plaza que es fuerte se le entrega,
como la fe con que le llama ignoro
y tanta gente de Castilla niega
de Alfonso y doña Juana el real derecho,
primero es bien que quede satisfecho.
    Bien es verdad que siendo nuestro amigo
Juan de Ulloa, que tiene tanta mano
en la ciudad, y deja a don Rodrigo
contrario en opinión, con ser su hermano,
nos asegura; pero siempre sigo
el parecer de Cipión romano,
que el que cree su contrario, brevemente,
cuando falta el remedio, se arrepiente.
    Capitán general, de mi rey tengo
a mi cargo su ejército, y procuro
facilitar estorbos que prevengo,
que en reino extraño nadie está seguro.
Para esto a Toro de Zamora vengo,
porque amparado del silencio oscuro,

cuando anochezca deje asegurada,
sin tratos dobles, a mi rey la entrada.

Basco   Muestra el valor en eso vueselencia
que a su sangre hazañosa corresponde.
Más victorias alcanza la prudencia
que la osadía cuando no la esconde
el consejo que anima a la experiencia.
Ramo es del tronco real, y por su conde
Penamacor le estima, en su milicia
nuestros reyes alientan su justicia.
   ¡Hija del cuarto Enrique es doña Juana.
¿Qué pretende Isabel, si el reino hereda
en Castilla la hija y no la hermana,
por más que la pasión en ella pueda?

Conde   Reparad, dejando eso, en la villana,
don Basco, que al encuentro nos hospeda
en el alma con vista enamorada,
ojos las puertas, gloria la posada.
   ¿Vistes en Portugal más hermosura?

Basco   ¡Qué divina mujer!

Conde   Parca es hilando
libertades, que fundan su hermosura
en los labios, que vidas están dando
a los copos que tocan. ¿Ya procura,
cuando Isabel no hubiera ni Fernando
con mi rey en Castilla opositores,
mezclar mi dicha hazañas con amores?
   Retiraos entretanto que anochece,
don Basco, por el margen de ese río,
que quiero hablar con ella.

Basco   Bien parece
que es amor portugués.

Conde   Es desvarío.
¿Hay hilandera igual?

Basco   Mientras que crece
sombras el Sol, que en el ocaso frío
da a púrpuras de luz bosquejos de oro,
allí te aguardo para entrar en Toro.

(Vase don Basco. Sale Antona con delantal blanco y saca Gila rastrillo y lino; y siéntase Antona y rastrilla.)

Antona   Dame, Gila, que rastrille,
que no tengo ya que hilar.
¡Oh, qué tela que he de echar!

Conde (Aparte.)   (Amor sus penas humille
a tan superior belleza.)

Antona   Aquí a la puerta veré
el campo y rastrillaré
con gusto hasta que anochezca.
Echa berzas y cebolla,
que vendrá de la labor
alentado tu señor;
y después de Dios, la olla.

(Vase Gila; canta Antona y rastrilla.)

Antona   Rastrillábalo la aldeana
y, ¡cómo lo rastrillaba!

Conde	Si merece un pasajero
	hallar, bella labradora,
	mientras se llega la hora
	de picar y un compañero
	llega, por ser forastero
	la gracia en vos, que esa cara
	pregona, os acompañara,
	una alma, que en vuestros ojos,
	aliviando sus enojos,
	congojas tristes repara.
	Si gustáis, le aguardaré
	aquí, que presto vendrá.
Antona	Pues a mí, ¿qué se me da
	que se vaya o que se esté?
	Pésame de verle en pie.
	¿En casa no hay, otras sillas?
	Sí, dos o tres de costillas.
(Llama.)	Gila, saca la mejor
	en que se asiente el señor.
Conde	Mejor fuera de rodillas.
Antona	Eso en la igreja al altar.

(Gila saca una de costillas, pónela y vase.)

Gila	Ésta es la mijor que he hallado,
Antona	Pósese si está cansado.
Conde	Mal puede amor reposar
	cuando comienza a penar.

Antona	¿Está malo?
Conde	Y lo desea mi dicha.
Antona	Pues en la aldea no hay doctor si está doliente. Dios nos mata soldemente. No me estorbe la tarea.
(Canta.)	Rastrillábalo la aldeana y, ¡cómo lo rastrillaba!

Conde	Advertid que rastrilláis
	entre ese dichoso lino
	un corazón peregrino
	que cruel martirizáis.
	   Con una flecha el Amor
	hiere, no con tantas juntas;
	vos, que ejércitos de puntas
	multiplicáis, ¿no es rigor
	   que hiráis con armas prohibidas,
	y con ojos bandoleros,
	halaguéis a pasajeros
	para quitarles las vidas?

Antona	Señor, poco de arrumacos, que no se usan por acá. Al compañero esperá callando; que son bellacos labradores, y sospechan mal de todo palaciego, y apenas habrán que luego cuidan que puyas mos echan.

32

Guardáos de gente villana
que no se sabe burlar,
y dejadnos trabajar.

(Canta.)   Rastrillábalo la aldeana
y, ¡cómo lo rastrillaba!

Conde   No afrenta en el trato hidalgo
la plática que entretiene.
Mientras que el que espero viene
gastemos el tiempo en algo.
    Poco os puede deslucir
hablarme en este lugar.
Del hombre es enamorar,
de la mujer resistir.
    ¿Qué importa que así pasemos
aqueste rato los dos?
No sois tan liviana vos
que os han de ablandar extremos,
    principalmente de quien
tan presto se ha de ausentar.

Antona   Todo huésped se ha de honrar;
en eso habéis dicho bien.
    Yo consentí la ocasión,
y así es fuerza el admitilla.
Quien en su casa da silla,
se obliga a conversación.
    No falta en los labradores
cortesía, aunque grosera.
Apartad la silla afuera
y no me tratéis de amores;
    que eso nunca es permitido
en quien tiene dueño ya,
y en lo demás conversá.

Conde   ¿Dueño tenéis?

Antona   Y marido.

Conde   ¡Ay, cielos!

Antona   Con esto atajo
               principios que amor ignora,
               pues casada y labradora,
               ya veis si tendréis trabajo
                 en lo que nunca ha de ser.

Conde   ¿Casada, amor? ¡Bueno quedo!

Antona   Ea, empezad, que bien puedo
               rastrillar y responder.

Conde   ¿Qué conversación no es vana
               estando casada vos?

Antona   Pues casada estoy, adiós.
(Canta.)   Rastrillábalo la aldeana
               y, ¡cómo lo rastrillaba!

Conde   Ahora bien, fuerza es pasar
               el tiempo del mal lo menos.
(Aparte.)   (¡Ay, dulces ojos morenos,
               la muerte me habéis de dar!)
                 Yo tuve amor en mi tierra...

Antona   Ya vos digo que dejéis
               amores y que contéis
               otra cosa.

Conde	¿Qué?
Antona	¿No hay guerra? Está abrasada Castilla en competencia mortal; viene el rey de Portugal con gente a ocupar su silla, y siendo vos caballero y yo a la guerra inclinada ¿os falta qué hablar?
Conde	La espada fue mi profesión primero que uso de razón tuviese.
Antona	Tratad de la guerra, pues. ¿Sois de acá?
Conde	Soy portugués.

(Levántase Antona.)

Antona	¿Portugués? Pues aunque os pese han de reinar Isabel y Fernando, en nombre el quinto.
Conde	¡Fernando?
Antona	Como os lo pinto, y yo de morir por él... Si sois de enemigo bando, perdonad, que a fe de Dios que he de comenzar por vos.

Conde	Reine Isabel y Fernando.
	Sosegáos, que yo no quiero
	más de lo que vos queréis.
Antona	Portugués, no me engañéis.
Conde	Aunque Amor es lisonjero,
	amándoos yo, ¿de qué modo,
	cuando vuestro gusto sigo,
	no tendré por enemigo
	al vuestro? Ya yo soy todo
	de la opinión castellana.
Antona	¡Reine Isabel!
Conde	Soy contento.
Antona	Pues con eso va de cuento.

(Vuélvese a asentar y hace labor; canta.)

                  Rastrillábalo la aldeana
                  y, ¡cómo lo rastrillaba!

Conde (Aparte.)	(¿Hay rústica más donosa?)
Antona	¿Cómo os llamáis vos, señor?
Conde	Conde de Penamacor.
Antona	¿Vos sois conde? ¡Huerte cosa!
Conde	Penamacor soy, en fin,

que mi corta suerte ordena
que empiece mi estado en «pena»
y que tenga en «cor» su fin,
    porque con este blasón
sea, en tan confuso abismo,
péname el cor, que es lo mismo
que péname el corazón.

Antona
    Ya otra vez os he rogado
que amores dejéis estar,
pues hay guerras de que hablar.

Conde
Noticia os doy de mi estado;
    preguntáismele, y ansí
es fuerza el decirlo.

Antona
                    Pues,
siendo conde y portugués
¿a qué habéis venido aquí?

Conde
Mandóme hacer asistencia
mi rey en esta jornada,
salió con su esposa amada;
coronáronse en Plasencia
    doña Juana, hija de Enrique
y nuestro rey su consorte;
y en la castellana corte,
porque la acción se publique
    que al reino tienen, alzaron
por ellos reales pendones;
y con fiestas y pregones
por reyes los aclamaron.
    Llegó a darles obediencia
el maestre de Calatrava,

conde de Ureña, que estaba
con el duque de Plasencia;
　el primado de Toledo,
que es don Alfonso de Acuña,
portugués, de ilustre alcuña,
si en esto alabarle puedo;
　el de Villena, y con ellos
otros mil, que de Castilla
y León, le dan la silla.

Antona　　　Malos años para ellos,
　　　　　　　y aun para vos, que parece
　　　　　　　que en decirlo os relaméis.

Conde　　　Yo quiero a quien vos queréis.

Antona　　　¿Y qué hubo más?

Conde　　　　　　　　　Obedece
　　　　　　　todo el pueblo humilde y llano,
　　　　　　　y con aparato y fiesta
　　　　　　　no era tan blanca como ésta
　　　　　　　de nuestra reina la mano;
　　　　　　　　más la lealtad los provoca
　　　　　　　a llegar de dos en dos,
　　　　　　　del modo que yo con vos,
　　　　　　　sellando en ella la boca;
　　　　　　　　que en fe de que fui testigo
　　　　　　　de esta facción, advertí
　　　　　　　que la besaban ansí.

(Quiérela besar la mano.)

Antona　　　Manos quedas. ¡Jo, le digo!

Conde	Con ejemplos se declara mejor lo que decir puedo.
Antona	¿Qué va, si no se está quedo, que le rastrillo la cara?
Conde	¿A un conde?
Antona	Me maravillo de más títulos que traiga, que porque no se le caiga le haré conde del Rastrillo. Si él conociera la moza con quien habla, a buen seguro que él la soñara.
Conde	Yo os juro que según lo que se goza el alma en veros, es cierto que lleva en vos qué soñar; si bien me holgara de estar, por veros siempre, despierto. Estimad a quien os ama; volved.
Antona	No se descomida que me enojaré, por vida de doña Isabel, nuesa ama.
Conde	Mucho la amáis.
Antona	Tal es ella.

Conde	¿Qué tal es?
Antona	Ángel de Dios.
Conde	Yo ya la quiero por vos.
Antona	Si es cuerdo, ¿no ha de querella?
Conde	Sí, pero ¿qué me daréis porque yo a la reina siga?
Antona	A la fe que sea su amiga.
Conde	Si eso vos me prometéis mi rey dejo.
Antona	Hará muy bien.
Conde	¿Amaréisme?
Antona	Sin pecar.
Conde	¿Si no?
Antona	Daráme pesar.
Conde	¿Me aborreceréis?
Antona	También.
Conde	¡Qué desdicha!
Antona	No es pequeña.

Conde	¿Por qué la amáis?
Antona	Porque es santa.
Conde	¿Que tanta es su gracia?
Antona	Tanta.
Conde	Mayor es la vuestra.
Antona	¿Sueña?
Conde	¿Es hermosa?
Antona	Como un Sol.
Conde	¿Es discreta?
Antona	Como un cura.
Conde	¿Tanto?
Antona	Toda es hechizura.
Conde	¿Tiene valor?
Antona	Español.
Conde	Será rubia.
Antona	Como el trigo.
Conde	Será blanca.

Antona	Como el ampo.
Conde	Será gentil.
Antona	Como el campo.
Conde	Más lo sois vos.

(Vale a asir la mano.)

Antona	Yo le digo, hacerse allá y manos quedas, que no conoce la Antona.
Conde	Amor todo lo perdona. ¿Cómo es posible que puedas, labradora, cuando labras una voluntad rendida, dar con los ojos la vida y muerte con las palabras?
Antona	Él está muerto.
Conde	Aquí yace un portugués, por despojos del desdén de esos dos ojos.
Antona	¿Él? pues requiescat in pace.
Conde	Si en paz y en descanso fuera, no hubiera en mí pena tanta.
Antona	A los difuntos lo canta el cura de esta manera.

Conde	Mi tormento es más notorio, pues el que paso es eterno.
Antona	Será ánima del infierno.
Conde	Sí, porque en el purgatorio todavía hay esperanza.
Antona	Pues si en el infierno está conde, hermano, hágase allá.
Conde	Si mi amor de vos alcanza sufragios, tendré sosiego. ¿queréisme vos ayudar?
Antona	Mas, ¿que me tien de quemar el lino con tanto fuego?
Conde	¡Ojalá el alma abrasada comunicarse pudiera a esa nieve!
Antona	Hágase a huera, si es ánima condenada; que se me sube el humillo y podrá ser, si le topo, que, ya que falta el guisopo, le pegue con el rastrillo.
Conde	No es mi pena tan tirana que el remedio no os avisa.
Antona	¿Hay son decirle una misa,

si pena, por la mañana?

Conde   Remedios quiero a lo humano.
Tened de mí compasión

Antona   ¿Cuáles los remedios son?

Conde   Dame la mano.

Antona   ¿Esta mano?

Conde   Sí.

Antona   ¿No ve que es mano ajena?

Conde   ¿Cúya es?

Antona   De mi marido.

Conde   ¿Qué importa?

Antona   ¿Está sin sentido?

Conde   Estoy en pena.

Antona   ¿Y qué pena?

Conde   De fuego.

Antona   Cerca está el río.

Conde   No basta.

Antona   Pruébese a echar.

Conde	Ni el mar basta.
Antona	¿Ni aún el mar?
Conde	Ni mil mares.
Antona	¡Desvarío!
Conde	Estoy loco.
Antona	Bien lo prueba.
Conde	¿Queréisme vos curar?
Antona	Id...
Conde	¿Adónde?
Antona	A Valladolid.
Conde	¿A qué?
Antona	Al Hospital de Esgueva.
Conde	Pues ¿qué hay en él?
Antona	Curan locos.
Conde	¿Locos de amor?
Antona	¿Y qué tal?
Conde	¿De este mal?

Antona	¿Qué hay de ese mal?
Conde	Sanan pocos.
Antona	¿Qué, tan pocos?
Conde	¡Ninguno!
Antona	Pues yo me obrigo.
Conde	¿A qué?
Antona	A que esté presto sano.
Conde	¿Yo?
Antona	Si le asiento la mano.
Conde	Dádmela, pues.

(Tómasela.)

Antona	Yo le digo...
	¡Arre allá, suelte!
Conde	No puedo
Antona	Suelte le digo otra vez,
	pues si le aprieto, ¡pardiez
	que ha de sudar!

(Apriétasela.)

Conde
                    ¡Quedo, quedo!
          ¡Ay, cielos!

Antona
                         A los traviesos
          hago yo aqueste favor.

Conde
          Que me la quiebras.

Antona
                         Mi amor
          no es más que quebranta huesos.
              ¿Mas qué ya el suyo se enfría?

(Suéltasela.)

Conde
          ¿Qué infierno fuerzas te dio?

Antona
          ¡Miren con quién se topó
          si con Antona García!

(Sale don Basco.)

Basco
                    ¡Gran don Lope de Alburquerque,
          conde de Penamacor,
          dame albricias! Toro aclama
          a la alegre sucesión
          de Castilla a nuestro Alfonso,
          y todo el pueblo, a una voz,
          por doña Juana levanta
          el real e invicto pendón;
          la nobleza que la habita,
          siendo Juan de Ulloa su autor
          de la lealtad castellana,
          sigue la cuerda opinión
          del arzobispo y marqués

de Villena, y el valor
de doña María Sarmiento
asegura su temor.
Bien es verdad que lo impide
el plebeyo y labrador,
pero pecheros villanos
de poca importancia son.
Entra que todos te esperan.

Conde   ¡Viva Alfonso, mi señor,
y su esposa doña Juana,
en Castilla y en León!

Antona   ¿Y la promesa?

Conde   No tiene
poder, Antona, el Amor
donde reinan la nobleza
y la lealtad.

Antona   ¿Cómo no?
Pues Isabel y Fernando
reinarán en Toro hoy,
que a pesar de desleales
y sebosos, sobro yo.
¡Aquí de mis labradores!
Avisa a Juan de Monroy,
mi marido, que hoy verá
Toro para lo que soy.
¡Alto! ¡A Toro, deudos míos!

Conde   ¡Extraña mujer!

Antona   No doy

un higo por Portugal.
Si aún vos dura el afición,
conde, aquí tenéis la mano;
tomadla, que a fe de Dios
que os ha de costar bien cara.

Conde   Aún me dura su dolor.

Todos (Dentro.)   ¡Viva Alfonso el quinto!

Antona   ¡Viva
don Fernando, que es mijor,
y doña Isabel, y reinen
cuarenta siglos los dos!

Fin de la primera jornada

Jornada segunda

(Por una puerta cuatro caballeros, el conde de Penamacor, don Basco, doña María y Juan de Ulloa; por otra cuatro labradores con el pendón de Castilla; los primeros con el de Portugal.)

Ulloa
¡Oíd, oíd! ¡Castilla por Alfonso
y doña Juana!

Caballeros
¡Vivan muchos años
rigiendo propios, conquistando extraños!

(Esto se ha de hacer sobre un tablado, alzando tres veces los pendones, con clarines y trompetas.)

Labrador I
¡Oíd, oíd! ¡Castilla por Fernando
e Isabel!

Labradores
¡Felices años vivan,
imperios gocen, su laurel reciban!

Ulloa
Labradores, hombres buenos,
oficiales, que la plebe
de esta ciudad populosa
moráis leales y fieles,
¿qué desbocado furor
os ciega, para que aleves
constituyáis pueblo aparte
y amotinéis tanta gente?
Las ciudades de Castilla
cuando alzan por sus reyes
pendones, a los principios
al regimiento dan siempre
el derecho de esta acción,

y la nobleza es quien tiene
por oficio el aclamar
al príncipe que sucede.
Alférez mayor de Toro
soy, a quien solo se debe
esta ceremonia ilustre.
¿Quién, pues, se opone a su alférez?
Los nobles en forma y cuerpo
de ciudad festivos vienen
a justificar acciones
de doña Juana, que reine
con su esposo, Alfonso el quinto,
siglos felices y alegres.
Desatinos refrenad,
que bárbaramente os pierden.
Hasta agora ¿quién ha visto
los plebeyos oponerse
a los nobles en alardes
generosos y solemnes?
¿Cómo sabrá el labrador
entre el azada y los bueyes
puntos que el jurisperito
con dificultad entiende?
Comprometed vuestras dudas
en cabeza que os gobierne.
Regimiento tenéis sabio,
vuestro sosiego pretende.
Hombres buenos, reducíos;
y lo que no os pertenece
dejad a quien tiene el cargo.
Alfonso es santo y prudente,
doña Juana hija de Enrique.
Divinas y humanas leyes
en Castilla los amparan.

Labrador I   No queremos portugueses.

(Sale doña María Sarmiento.)

María   ¡Bárbaros, que sin discurso,
                    con desordenadas leyes,
                    siendo vulgo desbocado,
                    no hay persuasión que os enfrene!
                    ¿Qué rústica ceguedad
                    con descaminos os mueve
                    a despeñaderos locos
                    que os pronostican la muerte?
                    ¿Entendéis lo que aplaudís?
                    ¿Conocéis lo que os conviene?
                    ¿Qué derechos estudiasteis?
                    ¿Qué escuela os dio pareceres?
                    Los surcos del tosco arado,
                    ¿son cláusulas suficientes
                    que mano rústica escriba
                    y la aguijada margene?
                    ¿Sabéis quién es don Alfonso;
                    la justa acción con que viene,
                    el valor de sus vasallos,
                    los héroes de quien desciende?
                    ¿Conocéis a doña Juana?
                    ¿Oísteis jamás que hereden
                    a Castilla, habiendo hijos,
                    hermanas que los ofenden?
                    Pues escuchad sosegados,
                    si la razón os convence,
                    que para acción tan notoria
                    basta aclamarla mujeres.
                    La casa de Portugal

del tronco es un ramo verde
de los reyes de Castilla,
y su primero ascendiente,
don Alfonso Magno el sexto,
que al conde Enrique, el valiente,
ilustre en virtud y en armas,
Sol de los sirios franceses,
dio a su hija doña Elvira,
y en dote el condado fértil
de Portugal, hasta entonces
estrecho, pobre y estéril;
mas ya dilatado reino,
tanto, que invencible extiende
su diadema a la Etiopía,
que sus quinas obedece.
Con la sangre de Castilla,
sin ésta, otras doce veces
sus príncipes se casaron.
Siendo esto ansí ¿habrá quien niegue
ser Alfonso castellano
en la sangre, descendiente
por todo un lustro de siglos
de nuestros invictos reyes?
Por sola esta acción pudiera,
a pesar de los rebeldes,
pretender la sucesión
que la malicia divierte.
Vuestra princesa es su esposa;
por hija suya la tiene
Enrique el cuarto, jurada
por los mismos que la venden.
Si a las portuguesas quinas,
con que el cielo favorece
aquel reino, pues bajaron

de sus esferas celestes,
los castillos y leones
se juntan ¿qué imperio puede
contrastarnos? ¿Qué nación
ha de haber que no nos tiemble?
Abrid los apasionados
ojos, pues la verdad vence
nubes de apariencias falsas
que eclipsar su luz se atreven.
Vivan y reinen los dos,
que por diez años prometen
haceros francos y libres,
sin que los de Toro pechen,
Zamora, humilde y leal,
los recibe, y con solemne
demostración los aclama
por sus naturales reyes.
Vuestra vecina es Zamora.
¿Razón será que os afrente
la fe de vuestros vecinos
y que la ventaja os lleven
en la lealtad que blasonan?
La nobleza toda viene
a persuadiros verdades;
permitid que os aconseje.
Las letras los adjudican
el reino, y los más prudentes
de Castilla se conforman
con sus sabios pareceres.
Las armas en su defensa,
si razones no convencen,
a costa de nuestras vidas
mostrar su valor prometen.
Nuestros vecinos sois todos;

derramar el amor teme
sangre de su cara patria.
Unos muros y paredes
nos hospedan; unos frutos
nos sustentan y una gente
república nos conforma,
solo en esto diferentes.
Vuestra ruina amenazan
vecinos de Toro, cesen
guerras civiles. ¡Alfonso
y su esposa reinen!

Caballeros   ¡Reinen!

Labrador I   Si los dos nos hacen libres,
deudos, amigos, parientes,
y ha de quedar franca Toro,
necio es quien tal dicha pierde.

Labrador II   Juren, que nos harán francos.

Conde   Yo os lo juro.

Todos   ¡Pues reinen!

(Sale Antona.)

Antona   ¿Quién ha de reinar, cobarde,
sino Fernando e Isabel?
Soltad el pendón, que en él
hará mi lealtad alarde.
(Quítasele.)   Infame interés aguarde
quien de sus promesas fía;
que si vuestra villanía,

56

avarienta se rindió
al oro, no al menos yo,
que soy Antona García.

A ellos digo, los de allá,
que porque son caballeros
se precian de argumenteros.
por lo que Alfonso les da.
Sepan que no es tiempo ya
de arguciones, porque es clara
la razón que nos ampara.
Defiéndanlos sus doctores;
que acá somos labradores
y yo no he sido escolara.

Soldemente sé decillos
que no hay ley que el reino dé
a doña Juana; el porqué
pescúdenlo a los corrillos.
No oso yo contradecillos;
voz del puebro es voz de Dios.
Si sois de otro bando vos,
Marihidalga, bachillera,
contradecidlo acá huera
y avendrémonos las dos.

A no dudar de ofender
honras, que acata el respeto,
de doña Juana el defeto
yo vos lo hiciera entender.
Soy mujer y ella es mujer;
yo honro mi naturaleza;
mas, ¿cuál, diga la nobreza,
es mijor que al reino acuda,
una hija de Enrique en duda
o una hermana con certeza?

¿Quién puede saber mijor

esto, que el duque leal
de Alburquerque? ¿O qué señal
busca el dudoso mayor?
Su vida, hacienda y valor
a nuesa Isabel ofrece
y a la vuesa no obedece.
Privado del rey difunto
cuenta con aqueste punto,
que es más de lo que parece.

    Por más que estodie, responda
quien huere letrado aquí,
si puede, que para mí
esta razón basta y bonda.
La verdad nubes esconda
de engaños. ¿El duque deja
a doña Juana y se aleja
de ella por doña Isabel?
Pues aténgome con él,
como castellana vieja.

María
    Pues, ¿tú te atreves, grosera,
a contradecir letrados
tan doctos?

Antona
    Tan sobornados,
diréis mijor, caballera.
Bajad, salid acá huera,
veamos qué esfuerzo cría
la nobreza e hidalguía,
y quede esta duda llana.

Conde
¿Quién reina, Isabel o Juana?

Labrador I
Digalo Antona García.

Antona	Digo que quien huere fiel a doña Isabel reciba por señora.
Labrador I	¡Isabel viva!
Ulloa	Temed vuestro fin cruel.
Antona	A Fernando y a Isabel se les debe la corona. Esto la lealtad pregona.
Ulloa	¡A ellos, pues, caballeros!
Antona	¡Ánimo, mis compañeros! ¡Que aquí tenéis vuesa Antona!
Labrador I	Mal podremos, desarmados, pelear.
Antona	¿No hay palas, bieldos, trancas, arados? Traeldos, que aquí bondan los arados.
Ulloa	Daldos por desbaratados sin orden y sin milicia.
Antona	Donde reina la codicia vence siempre la razón, con el asta del pendón defienda Dios mi josticia.

(Quita el asta y pelean unos con otros.)

...

                    [...ores]
        ¡A ellos, mis labradores,
        que ya se van retirando!
        ¡Nuesa Isabel y Fernando
        vivan con sus valedores!

(Retíranse y vuélvese a salir Antona con tres soldados, y sale el conde de Penamacor.)

Conde   ¡Soldados, haceos afuera,
                        no maltratéis el valor
                        que ha visto, España mayor!
                        Guerreadora hermosa, espera;
                        detén la mano severa,
                        pues aunque airada, ofendida
                                        [...ida]
                        muerte intentas dar en vano,
                        si a cuantos mata tu mano
                        dan luego tus ojos vida.
                           Si vida mirando quitas,
                        ¿para qué las armas tratas,
                        o por qué los hombres matas,
                        si luego los resucitas?
                        Mata una vez, no permitas
                        dar vida para tornar
                        segunda vez a matar
                        a quien vencerte porfía,
                        que no es para cada día

morir y resucitar.

Antona
    ¡A buen tiempo, a fe de Dios,
me resquiebra y enamora!
¡Pelead, seboso, agora;
que mala Pascua os dé Dios!

Conde
Oye.

Antona
    Si os alcanzo a vos,
apostemos que vos quito
el mal.

Conde
      Eso solicito.

Antona
Atendedme, pues, un rato,
veréis si esta vez os mato,
después cómo os resocito.

(Arriba doña María con una piedra grande que arroja sobre Antona y cae en el suelo desmayada.)

María
    Mientras viva la villana
poco Toro se asegura.
Adiéstreme la ventura
de Alfonso y de doña Juana.

Antona
    ¡Ay, cielo! A traición me han muerto.

María
Hidalgos de Toro, aquí
con la victoria salí.
Murió Antona.

Conde
      Si eso es cierto

no viva yo, pues sin ella
ya, no tengo que esperar.

María   Acabadla de matar,
y perderán con perdella
  el ánimo los villanos.

Todos   ¡Muera Antona, Alfonso viva!

María   En eso mi suerte estriba.

(Quieren acabarla los soldados.)

Conde   Tened las violentas manos;
  dadme a mi muerte primero.

(Defiéndela el Conde.)

María   Conde de Penamacor,
¿Qué es esto?

Conde   Tener amor;
ser portugués caballero.
  Al rendido es villanía
injuriarle, yo la adoro.
Hidalgos nobles de Toro,
¿qué es de vuestra cortesía?
  Ya huyen los labradores,
¿qué queréis de una mujer
casi muerta?

Labrador I   No ha de haber
en nuestra ciudad traidores.
  Si a vuestro rey sois leal

	mirad a quien dais favor.

Conde	Yo sirvo al rey, mi señor,
	y quien reina en Portugal
	  no se da por agraviado
	de una mujer cuya fama
	para su alabanza llama
	plumas que han eternizado
	  otras que menos han hecho.

María	Acabadla de matar.
Conde	Si hacéis eso han de pasar vuestras armas por mi pecho.
María	Pues vaya presa.
Conde	Eso sí; mas su alcaide seré yo, porque de los que ofendió pueda estar segura ansí.
Labrador II	Si la tenéis voluntad libraréisla.
María	Haced primero como noble y caballero pleito homenaje.
Labrador I	Jurad.
Conde	Por la cruz de aquesta espada juro, pena de caer en mal caso, de tener

su persona tan guardada
como el mayor enemigo,
mientras Toro se sosiega;
y como el traidor que entrega
castillo o fuerza me obligo
a pasar por cualquier ley
de menosprecio y afrenta,
si de ella no diere cuenta,
que ansí cumplo con mi rey,
con mi hidalga inclinación
y el fuego con que me abrasa.

María   Su cárcel es vuestra casa.

Conde   Su esfera mi corazón.

María   Ponga el regimiento en ella,
gente de guarda.

Conde   ¡Ay de mí!
Ponga el cielo guarda en mí
que no me deje ofendella.
¡Pobre de vos, alma mía,
si muere el daño que adoro!

María   Nunca Alfonso entrará en Toro
viviendo Antona García.

(Vanse, llevando el Conde en brazos Antona desmayada. Salen la Reina católica, el Almirante, don Antonio de Fonseca, el marqués de Santillana y soldados.)

Reina   Alfonso está en Zamora
con doña Juana, y este trato ignora.
Alcaide es de su puente

Pedro de Mazariegos, tan valiente
como fiel; persuadido
por don Francisco de Valdés, que ha sido
de mi casa criado,
entregarnos la puente ha concertado.
Si el rey mi señor, lleva
gente de noche, que a fiar se atreva
de su palabra. Es noble;
no temo que nos haga trato doble.

Almirante
Si al portugués prendemos
con su esposa en Zamora, no tenemos
a quien tema Castilla.

Reina
Antes espero que podré en la silla
suceder portuguesa,
si mi derecho anima nuestra empresa;
puesto que airado el cielo
se la negó a don Juan, mi bisabuelo.

Antonio
Todo el tiempo lo trueca.

Reina
Tío almirante, Antonio de Fonseca,
esto se nos ofrece;
marqués de Santillana ¿qué os parece?

Marqués
Que importa la presencia
del rey, nuestro señor, cuya asistencia
hará seguro y cierto
lo que hay que recelar de este concierto.

Reina
Ya el rey está avisado;
y puesto que el alcázar ha sitiado
de Burgos, no habrá duda

que con secreto y brevedad acuda
a lo que tanto importa.

Antonio   Si toma postas, la jornada es corta.

Reina   Esta noche en efeto
               le aguardo.

Almirante   En tales casos el secreto
               y ejecucion, señora,
               a la Fortuna sacan vencedora.

Reina   Esta pequeña aldea
               alojamiento nuestro agora sea;
               que de Toro vecina
               a Zamora, mejor nos encamina,
               pues, si cual pienso, viene
               esta noche Fernando, cierta tiene
               su dicha la victoria;
               y si se tarda, gozaré la gloria
               yo sola de esta hazaña.

Almirante   ¡Valor de la Semíramis de España!

(Sale Bartolo.)

Bartolo   ¡Ay, el mi amo malogrado,
               la mi Antona mal herida,
               la mi borrica prendida,
               yo el solo y desmamparado!
                  Jumenta de el alma mía,
               sin vos ¿qué ha de hacer Bartolo,
               pobre, sin amos y solo?
               La flor de la burrería

¿qué es de vos?

Reina   Ved lo que tiene
                    ese pobre labrador,
                    sin borrica, sin señor
                    y sin Antona. No viene
                        un daño solo.

Antonio   ¿A quién lloras?

Bartolo   A la metá de la mi alma;
                    con la jáquima y la enjalma
                    se la llevan. En dos horas
                        perdida la Antona nuesa,
                    el amo y la burra mía.
                    Si es castellana, ¿podía
                    ser mi burra portuguesa,
                        señor?

Antonio   Pues, Bartolomé,
                    sosiega; ¿no me conoces?

Bartolo   Si la viera tirar coces;
                    quedéme desde hoy a pie.
                        ¿No es el señor Antón,
                    de Fuenseca? ¡Ay! si sopiera
                    mi mala ventura y viera
                    a nuesa Antona en prisión,
                        a Juan de Monroy morido
                    y a mi burra caitivada,
                    Tagarabuena quemada,
                    el ganado destroido,
                        y todo en menos de una hora,
                    no me conortara ansí.

Antonio	Sosiégate, que está aquí la reina, nuestra señora.
Reina	¿Qué hombre es ése?
Antonio	Es un pastor que sirve a Antona García
Reina	¿A mi amiga?
Bartolo	La servía; mas desde hoy más —¡ay, dolor!— no la serviré; esta guerra todo lo vino a asolar.
Reina	¿Murió?
Bartolo	Ya debe de estar hendo bodoques de tierra. Levantaron los de Toro, los que son hidalgos digo, pendón por el enemigo. Diga, el portugués ¿es moro, o cristiano?
Antonio	Cristiano es.
Reina	¿Hay mayor simplicidad?
Bartolo	¿Cristiano? Creo que es verdad. Saliéronlos al través los labradores, y Antona con las armas de Aragón

y Castilla en un pendón;
y al tiempo que uno pregona:
    «¡Viva Alfonso y doña Juana!»
la nuesa Antona García
que «¡Viva Isabel!» decía;
y con su gente aldeana,
    arrancando del pendón
el asta, y dando tras ellos,
hizo a todos retraellos
al puro del coscorrón.

    Sin estorbarla la ropa,
diez mata y tantos heridos,
que para quedar guaridos
no tien Portugal estopa.

    Y cuando ya los tenía
casi a pique de vencer
un dimuño de moger,
llamada doña María

    Sarmiento, de una ventana
medio tabique arrojó
con que en la cholla la dio.
¡Hazaña, pardiez, villana!

    Y dando en tierra con ella,
a no guardarla un señor
conde de Espinamelchor,
dolrado hubieran por ella.

    Juró de guardarla presa.
Dieron tras los labradores;
como no eran guerreadores
y en prisión la Antona nuesa,

    fuera los echaron hoy
de la ciudad desterrados,
muertos, o descalabrados,
y entre ellos Juan de Monroy,

nueso amo, que ya estará
donde ni comen ni beben;
con esto a robar se atreven
lo que quedado mos ha.
    Hueron a Tagarabuena
los sebosos y robaron
cuanta hacienda dentro hallaron.
Mas lo que me da más pena
    es mi burra la berrueca,
la mitad del alma mía.
¡Ay, Dios! Bien la conocía
el buen Antón de Fuenseca.
    Llévala el bando cruel
sin culpa, esto es cosa llana,
que ni ella vio a doña Juana
ni a Fernando ni a Isabel;
    ni en su vida se metió
en que una u otra quedase
vencedora o que reinase;
soldemente, pienso yo,
    por no ser de nengún bando
que diría en tal baraja:
«Dios me ayude con mi paja
y reine Alfonso o Fernando.»
    ¿Qué ha de her Bartolo ahora
viudo sin tal compañía?

Reina	¿Presa está Antona García?
Bartolo	Herida y presa, señora.
Reina	Pesárame que se muera tan valerosa mujer.

Bartolo	Pues mi burra, ¿qué ha de her,
	que castellana vieja era,
	si renegar y tornarse
	de enojo portuguesera?
	...
	...
Reina	No sé qué diera, Almirante,
	por ver esta labradora
	libre.
Almirante	Paga, gran señora,
	sentimiento semejante
	su fe y amor justamente.
Bartolo	¡Ay, mi burra!
Antonio	Yo os daré
	una yegua.
Bartolo	No hallaré
	desde Leviante a Puniente
	[...ente]
	quien de esta pena me escurra,
	que era muy linda mi burra,
	no quitando lo presente.
	Yo sé, si la conociera,
	que al punto la enamorara;
	si el hocico, si la cara,
	si el diente de a geme viera,
	si el pescuezo, si la cola,
	mal año para abanico
	de dama oloroso y rico;
	con una colada sola

mataba diez moscas juntas.
¿Pues qué, cuándo rebuznaba?
Cuatro barrios atronaba
aguzando dambas puntas.
    Llegóse el tiempo importuno,
perdíla para más daños
en el abril de sus años,
que aún no llegaba al veintiuno,
    que veinte este marzo hiciera.

Marqués	¡Donoso pastor, por Dios!
Antonio	Ya os daré con que otras dos compréis.
Bartolo	Pues de esa manera consuélome, que otramente, —¡pardiez!— que pudiera ser que hiciera...
Antonio	¿Qué habéis de hacer?
Bartolo	Ahorcarme sofatamente por el alma de mi parda.
Antonio	¿Qué decís?
Bartolo	¡Qué me sé yo!
Antonio	¿Vos sois cristiano?
Bartolo	O si no...
Antonio	Decidlo.

Bartolo   Vender la albarda.

(Sale don Álvaro de Mendoza.)

Álvaro   El rey está, gran señora,
                       media legua de aquí.

Reina   Ya,
                       marqués, el cielo nos da
                       por conquistada a Zamora.
                          ¿Quién viene con él?

Álvaro   Secreto salió de Burgos ayer.
                       No ha cesado de correr
                       postas. Fingióse a este efeto
                          enfermo, y nos ha mandado
                       que nadie en su tienda entrase,
                       sino que se divulgase
                       que, porque estaba sangrado,
                          a ninguno daba audiencia,
                       y al tiempo que anocheció,
                       disimulado salió,
                       teniendo la diligencia
                          de Fernando Álvarez puestos
                       en las Huelgas dos caballos,
                       y con solo tres vasallos,
                       a morir por él dispuestos,
                          que es el uno don Rodrigo
                       de Ulloa, puesto que hermano
                       de Juan de Ulloa, que en vano
                       en Toro es nuestro enemigo,
                          yo el otro, y su secretario
                       Fernán Álvarez, se dio

tal prisa, que al fin llegó,
donde si nuestro contrario
   no ha sabido este suceso
o el alcaide no se muda,
Zamora es nuestra sin duda,
y Alfonso quedará preso.
   Por lo que en serviros goza
mi fe, delante he venido.

Reina
                    Digno de vuestro apellido
sois, Álvaro de Mendoza.
   Marche el campo a recebir
a Fernando, mi señor,
que su presencia y valor
esta noche ha de rendir
   la portuguesa porfía.

Antonio
                    Es suya propia esta empresa.

Reina
                    Mucho siento dejar presa
a nuestra Antona García.

Antonio
                       Es gran mujer; no me espanto.

Reina
                    Yo premiaré sus hazañas.

Bartolo
                    ¡Ay, burra de mis entrañas!
¡Quién, vos dijera otro tanto!

(Vanse. El conde de Penamacor y Antona, presa.)

Conde
                    El cirujano os espera.

Antona
                    Bóndame una telaraña;

yo soy de buena calaña,
no hayáis miedo que me muera.
    Basta que hayáis porfiado
en que me sangre.

Conde   La herida
pone a riesgo vuestra vida.

Antona   La Sarmiento me la ha dado;
    poco mal hace un sarmiento.
Si la cojo, ¡pobre de ella!

Conde   Creed, mi valiente bella,
que con tanto extremo siento
    vuestro mal, que no me atrevo
a daros cierto pesar
que mi amor ha de alegrar.

Antona   Ya sé que la vida os debo
    y que si no lo estorbaran
tres cosas, pudiera ser
que deudas de un buen querer
mis deseos os pagaran.

Conde   ¿Y son?

Antona   El tener marido
la primera y prencipal;
el ser vos de Portugal
la segunda, que he aborrido
    gente de vuesa nación;
la otra el ser yo villana
y vos conde, que no gana
cosa con vos mi afición.

Porque pretender de mí
lo que el bien querer procura,
si no es por mano del cura
es, ya lo veis, frenesí;
    e imaginar que los dos
hemos de hacer compañía;
yo, villana, y señoría
en Portugal, conde, vos;
    vuestro oro junto a mi paja;
la seda junto al sayal,
fuerza es que parezca mal,
porque ni pega, ni cuaja;
    y así será lo mijor
no cansaros sin provecho.

Conde   Como esas mezclas ha hecho
el artificioso Amor.
    De las tres dificultades
la mayor está ya suelta,
que la Fortuna, resuelta
en ejecutar crueldades,
    a vuestro esposo dio muerte.

Antona   ¿Qué decís?

Conde   Juan de Monroy
murió. La pena que os doy,
aunque en favor de mi suerte,
    me llega hasta el corazón.

Antona   Si murió, venturoso él;
pues como vasallo fiel
dio a su rey satisfacción.
    De que era, en fin, dueño mío

no le imagino llorar;
lágrimas trueque el pesar
en venganzas, que yo fío
   que mi mudo sentimiento
por su muerte, ha de encender
a Toro, aunque soy mujer.
Yo haré, abrasando el sarmiento
   que estas desdichas apoya,
que quien lo ofendió lo pague;
yo, sin que el mundo lo apague,
convertiré a Toro en Troya.
   Andad, conde, idos con Dios.
Si hasta agora quise mal
la gente de Portugal,
agora a toda y a vos
   aborrezco de tal modo
que si no os vais, aunque herida...

Conde
                Advertid que en vuestra vida
se cifra mi alivio todo;
   no añadáis con el enojo
peligros a ese accidente.
Creed de mi amor ardiente,
que pues por dueño os escojo,
   mejore, si vos queréis,
la suerte que el vuestro llora.

Antona
                Idos, conde, en la mala hora.

Conde
                Pues sola ¿qué pretendéis?

Antona
                   Que os vais antes de apurarme
la paciencia que me queda.

Conde	Dadme permisión que pueda curaros.
Antona	Ya no hay curarme, mientras que sobre la herida que me dieron a traición no me ponga el corazón de la Sarmiento homicida; mas, presto hacerlo presumo.
Conde	Vuestro daño reparad.
Antona	Conde portugués, mirad que se me sube el humo a las narices. ¿Queréis verme sana?
Conde	Eso deseo.
Antona	Pues entretanto que os veo presente, no lo esperéis. Idos, acabemos ya.
Conde	Condición tenéis extraña. La pasión, Antona, os daña más que la herida. Si os da alivio el que yo me ausente, no pretendo yo añadiros pesares a los suspiros que os causa tanto accidente. Cama tenéis, reposad mientras os hago traer
(Aparte.)	de cenar. (¿Hay tal mujer?)

78

(Vase el Conde.)

Antona

Sola estoy. Antona, dad
  a vuestro Juan de Monroy
venganza, pues ya se ha muerto.
Durmiendo a la gente advierto;
guardada con llave estoy;
  valerme pienso del vino
que sepulta a los soldados
con mi herida descuidados;
quemar la puerta imagino
  que me impide la salida.
El bálago de la cama
podrá dar prisa a la llama,
y su madera encendida
  me abrirá franca la puerta.
No teme mi enojo al huego
que el de mi venganza ciego
hará que esotro divierta.
  Envolveréme en las mantas
y entre llamas y centellas
arrojándome por ellas
saldré, que no serán tantas
  que estorben lo que presumo.
Ea, injurias vengadoras,
vamos, que entre labradoras
suele ser aceite el humo.
  El candil voy a pegar
a la paja, y la madera
podrá con venganza fiera
estas puertas derribar.
  Buscaré a la luz del huego
la Sarmiento que me incita,
que en esotro cuarto habita;

y si a descobrirla llego
  podrá la cólera mía
vengarse de la pedrada.
Sabrá, aunque descalabrada,
quién es Antona García.

(Vase. Salen doña María Sarmiento y el conde de Penamacor.)

María   Conde, vos habéis de ser
causa de perderse Toro,
si contra vuestro decoro
amparáis esta mujer.
  Muerta ella, los labradores,
que en sus locuras se fían
aunque rebeldes porfían,
siguiendo avisos mejores,
  con temor de sus castigos
defenderán nuestro bando
por Isabel y Fernando
domésticos enemigos
  han de morir, mientras viva
la que su parcialidad
defiende.

Conde   Menos crueldad
ha de tener quien estriba
  en la nobleza, señora,
que vuestro valor ampara.

María   Eclipsa su sangre clara
quien como vos se enamora
  de una rústica villana,
y ponéis en opinion
vuestra fe y reputación

siendo tal la lusitana.

Conde   Mi rey sabe lo que tiene
en mí; y por ser vos mujer
no me tengo de ofender
de ese agravio, ni conviene
   a la opinión portuguesa
que muestre temor liviano,
más que al campo castellano,
a una labradora presa,
   Herida está y a la muerte;
¿qué más honroso blasón
deseará vuestra nación
desluciendo nuestra suerte,
   que decir que una mujer
nuestro crédito atropella,
y que por librarse de ella,
presa y en nuestro poder,
   su sangre un conde derrama?
¿Qué opinión con esto crece
si nuestro nombre envilece
y nuestra nación infama?

María   Pues resolveos vos en eso,
conde de Penamacor,
y veréis si era mejor
prevenir cuerdo el exceso,
   que temo mientras Antona
nos diere desasosiego

(Grita y alboroto dentro.)

Unos   ¡Traigan agua!

Otros	¡Fuego, fuego!
María	¿Qué es esto?
Conde	Fuego pregona la confusión de esta casa.
Unos	¡Favor, que todo se quema!
María	¿Quién hay que morir no tema?
Todos	¡Agua, que todo se abrasa!
Uno	Las puertas nos han cogido.
Otros	¡Ayuda, cielos, favor!
Conde (Aparte.)	(Fuego es más vivo el amor, pues el alma me ha encendido.)

(Sale Antona con un palo de cama.)

Antona	Yo soy quien, no alevemente, como quien piedras arroja, del huego, presa, me valgo, elemento que acrisola como el oro las lealtades. Prueben tocas contra tocas la fe que a sus reyes deben las como vos generosas; no desde las altas rejas con piedras, armas traidoras, que pues vos forzó a tirarlas, mi envidia vos tiene loca.

82

A mis manos pagaredes
la viudez, que lastimosa
sin mi amada compañía
a vengarse me provoca.
Antona soy, la Sarmiento,
que quiere poner Antona,
mientras sarmientos abrasa,
en fe de tanta victoria,
luminarias a Isabel
y a Fernando. Aquí las obras
y no las palabras soberbias
remedio al peligro pongan.

María   Mujer, ¿qué intentas?

Antona   Matarvos.

María   ¡Ayuda, soldados, postas;
               criados, gentes, ayuda!

Antona   La del cielo buscad sola.

(Defiéndela el Conde.)

Conde   Parad, Antona; templad,
               Semíramis belicosa,
               el ímpetu vengativo,
               que es fuerza que yo socorra
               mi bando. Pagadme, cuerda,
               la vida que me es deudora,
               pues defendí yo la vuestra.
(A doña María.) Huíd en tanto, señora,
               que yo me opongo a su furia.

Antona	Aunque el infierno se oponga.
María	Mirad si fue profecía mi recelo.

(Vase doña María. Tocan dentro rebato.)

Conde	Idos, Antona; que contra vos la ciudad toca alarma y se convoca.
Antona	Por vueso favor se escapa la Sarmiento; mas no importa, que para vos y para ella mis fuerzas y brazos bondan. Más días hay que longanizas.
Conde (Aparte.)	(¿Hay mujer más prodigiosa?)
Antona	Labradores, nuesos reyes vivan, pues vive su Antona.

Fin de la segunda jornada

Jornada tercera

(Salen Antona y Pero Alonso, labrador.)

Antona   No creeréis, primo, el contento
que tengo viendo que os hallo
bueno y aquí fiel vasallo
sois de Isabel. Mucho siento
    los que murieron en Toro;
pero, en fin, como leales.
Acabaránse estos males,
que aunque en el alma los lloro,
    los disimulo en la cara.
No tiene la fama atajos,
la honra engendra trabajos,
piérdela quien los repara.
    Ya que os habéis escapado
de Toro y que en el camino
vos hallo, primo y vecino,
no por veros desterrado
    y vuesa hacienda perdida,
de ser leal vos mudéis;
que por reina la perdéis
que es poco perder la vida.

Pero   Estando yo al lado vueso,
la mi prima, la leal,
reprocharé cualquier mal
que ya por bueno confieso.
    ¿Cómo venis por aquí?

Antona   Cuidé hallar en Salamanca
nuesa reina, y de ella manca,
cuando de Toro salí,

como vos dije, me dieron
noticia que estaba allá;
mintieron, creo que estará,
según otros me dijeron,
   en Medina, la del Campo,
y quiérome andar con ella
para consolarme en vella
y servirla.

Pero   Id en su campo,
que con vuesa compañía
no le irá a la reina mal,
pues ya tiembra Portugal
de oír a Antona García.

Antona   ¿Qué venta es ésta vecina?

Pero   De el Mollorido se llama.

Antona   ¿Tién en esta tierra fama?

Pero   Por ella se va Medina,
        desde Salamanca.

Antona   En ella
haremos noche, que estoy
cansada, y en todo hoy
no he comido.

Pero   Guardaos de ella;
que es redomado el ventero
y encaja a los más ladinos
los grajos por palominos
y la cabra por carnero.

Antona	Cocidos, no es mal regalo, si tienen su salpimienta.
Pero	Eso al barajar la cuenta.
Antona	Para el hambre no hay pan malo. Acá salen.

(Salen cuatro pasajeros portugueses y la Ventera.)

Portugués I	¿Y qué hay más?
Ventera	Un conejo.
Portugués II	No sea gato.
Ventera	No es de esta venta ese trato.
Portugués III	Si le comes, mayarás.
Portugués IV	¿Dó está el huésped?
Ventera	A Medina partió ayer por una carga de vino.
Portugués I	¿Bueno?
Portugués II	¿No amarga?
Portugués III	Asen, pues, esa gallina y la olla apresurad, que hay hambre capigorrona.

Pero	Portugueses son, Antona.
	Lo que hemos de hacer cuidad;
	que si paramos aquí
	temo vuesa condición.
Antona	En posadas no hay cuestión,
	desde antiyer no comí;
	como causa no me den,
	Pero Alonso, no temáis.
Pero	No habrá, si no la buscáis.
Antona	¡Loado sea Dios!
Todos	Amén.
Antona	Huéspeda, ¿habrá que cenemos?
Ventera	No, hermana, ya está embargada
	la olla.
Antona	¿Ni una tajada
	de vaca?
Portugués II	Si nos queremos
	bien os la podremos dar,
	mas no sufre ancas la olla.
Antona	¿Hay con matar una polla?
Ventera	No hay pollas para matar;
	sí para que pongan huevos.

Portugués III	¿Polla vos y en ese traje?
Portugués IV	No las comió su linaje.
Antona	Soseguémonos, mancebos, que cada cual es persona para comer lo que Dios le ayudare.
Portugués I	¿Y soislo vos?
Pero	Tened sufrimiento, Antona.

Antona	Huéspeda, una sartenada
	de huevos y de tocino
	hacen ligero el camino;
	dádmela vos empedrada
	  de magro y gordo, que só
	fraile franciscano en esto,
	y echen ellos todo el resto
	en aves, que buena pró
	  les haga, pero sin her
	burla de los mal vestidos.

Ventera	Palominos hay cocidos; no faltará que comer.
Antona	Para todo sobra gana. Cansada estó; entraos acá Pero Alonso.

(Éntranse los tres.)

Ventera	Y cama habrá.

(Salen cuatro castellanos.)

Castellano I   Despejada es la villana.

Castellano II   Hay algunas por aquí
almas todas.

Castellano III   Buena prisa
nos habemos dado. Avisa
al huésped.

Castellano IV   Apercebí
esas alforjas, que hay gente
y habránlo ocupado todo.

Castellano I   Malo fuera de ese modo
haber sido negligente.
Dos perdices y un jamón
compré.

Castellano II   Ponedlos a asar
y en acabando, picar.

Castellano I   Estos caballeros son.

Castellano III   ¡Loado sea Jesucristo
por siempre jamás, amén!

Portugués II   E o corpo santo tambén
o sexa entradeiro de isto.

Castellano III   ¿Cúyo es ese cuerpo santo?

Portugués II	San Pero Gonzálves he.
Castellano IV	Ese castellano fue; harto es que le queráis tanto.
Portugués III	Arrenegou de Castela e enxergouse en Portugal; por eso faz cavedal dele.
Portugués II	¿Quien reina? ¿Isabela o doña Juana?
Castellano IV	Señores, aquí no somos soldados.
Portugués II	¿Pois?
Castellano IV	Mercaderes honrados.
Portugués II	O pois sindo mercadores naon facemos deles conta, que saon de «viva quem vence». Nenum peleja comence, que en hostalagen he afronta. Volváimonos a falar, castelano.
Portugués I	Aquiso sim.
Portugués IV	Toda esa gente he roim que naon sabe pelejar.
Portugués I	¡Buena guerra!

Castellano IV	¡Buena guerra!
Castellano III	A quien se la diere Dios viva y reine de las dos y goce en paz nuestra tierra, mientras la mesa regala los gustos.
Portugués III	Ésa es mi cuenta.
Portugués II	La comodidad de venta ya todos sabéis que es mala. Mientras se asa, como dijo el otro, gozad del viento.
Castellano III	En este banco me asiento.

(Asiéntanse los unos en un banco y los otros en otro, fronteros.)

Portugués III	Yo estroto de enfrente elijo.
Castellano I	Sí, que fuera maravilla juntaros con nuestra gente.
Portugués I	Mejor está frente a frente, Portugal contra Castilla.
Portugués II	¿Vais a Salamanca vos?
Castellano III	Sí.
Portugués II	¿Y vos?

Castellano IV	A Valladolid.
Portugués II	¿Y vos?
Castellano I	Vengo de Madrid. huyendo casi.
Portugués II	¡Por Dios! Pues, ¿qué os sucedió?
Castellano I	Tener enemigos y envidiosos.
Portugués III	Eso es propio de ingeniosos.
Castellano I	De ricos lo había de ser; que el oro los pone en precio de discretos.
Portugués III	No lo ignoro: necio debe ser el oro, pues siempre acompaña al necio.
Portugués I	Riquezas son estímulos de vicios.
Portugués II	Siempre se ve.
Castellano I	Émulos tengo sin «e».
Portugués I	Émulos sin «e» son mulos.
Castellano I	Pues ¿qué queréis vos que sea quien se pone a reprender

lo que nunca acertó a hacer
porque al discreto recrea?

Portugués IV   ¿Qué lleváis a vender vos?

Castellano III   A los bobos tropelías,
que gustan de boberías.

Castellano IV   Sabemos hacer los dos
    juegos de manos.

Portugués IV   Civil
ocupación.

Castellano III   Mi caudal
es alquilar un portal,
y tocando un tamboril
  con diez títeres de nuevo
causar al simple deporte.

Castellano I   Idos con eso a la corte.

Castellano III   Allá voy; y a fe que llevo
    una novedad extraña.

Portugués I   ¿Extraña? ¿Qué puede ser?

Castellano I   Lo que apetece más ver
y menos espera España.

Portugués I   ¿Es alguna abada?

Castellano I   Más.

Portugués I	¿Es ballena, es cocodrilo?
Castellano IV	Esos en el mar o el Nilo se queden, que aquí hallarás mujer que llorando mata.
Castellano I	¿No será más de admirar, para Castilla, enseñar un real de a ocho y en plata?
Castellano III	¿En plata? ¡Cuerpo de Cristo! Daránte cuanto les pidas.
Castellano I	¿Sabéis vos lo que es?
Castellano III	De oídas, que yo en mi vida le he visto.
Portugués I	A enriquecer has venido.
Castellano III	¿Real de a ocho, es animal?
Castellano IV	¿Dónde hallaste joya tal?
Castellano I	De Génova le he traído.
Castellano IV	Solía decir mi agüelo, aunque agora os maravilla, que tuvo tantos Castilla que rodaban por el suelo.
Castellano I	Ya pasó. Solía...
Portugués I	¿Y qué

vendéis vos?

Castellano II
                        Yo tengo oficio
de no menos artificio
que estotro.

Portugués I
                        ¿Cómo?

Castellano II
                            Yo sé
        teñir ojos.

Portugués I
                    Cosa nueva.

Castellano II
Celebraban los amantes
los verdes y azules antes;
ya solamente se aprueba
   el ojo negro rasgado.
De aquéllos soy tintorero.

Castellano III
Gran gitano es el dinero.
¡Miren la invención que ha hallado!

Castellano I
    Yo solamente creía
poderse teñir los cuellos,
las barbas y los cabellos,
¿mas los ojos?

Portugués I
                    Cada día
        hay qué ver.

Portugués II
                    Todo es antojo
del ocio, que el tiempo pierde.
¿De qué modo, siendo verde,
volveréis vos negro un ojo?

Castellano III	Tengo un escabeche yo que a dos tintes le transformo en azabache, y le formo como quiero.
Portugués III	¡El diablo dio tal trata! ¿Y de qué manera?
Castellano II	Oíd y sabréis el cómo. Meto una aguja de plomo, y sacando el ojo fuera.
Portugués III	¿El ojo fuera?
Portugués IV	¡Oxte puto!
Castellano II	No os admiréis basta el cabo. Dos o tres veces le lavo en la tinta, y luego, enjuto, le encajo donde se estaba.
Portugués I	¿Y ve con él?
Castellano II	Pues si viera ¿quién enriquecer pudiera como yo, o qué me faltaba?
Portugués I	¿Que queda ciego?
Castellano	Pues ¿no?
Portugués I	Idos al rollo.

Castellano II	Yo, amigo,
	a teñir ojos me obligo,
	pero a darlos vista no.
	Esto es por regocijaros;
	que en ventas se sufre todo.
Portugués I	Yo os perdono de ese modo.
Portugués II	Sí, más yo calza he de echaros.
Portugués III	Y vos, ¿qué mercaduría
	vendéis?
Castellano I	¿Yo? Envidia.
Portugués	¿Qué?
Castellano I	En esto
	todo mi caudal he puesto.
Portugués IV	¡Buen caudal por vida mía?
Castellano I	Bueno o malo, ya le gasta
	gente que os admiraréis.
Portugués IV	Vos alabarle podéis,
	pero no es de buena casta.
Castellano I	Pues véndese agora tanta
	envidia e ingenios diversos,
	que hay hombre que haciendo versos
	a los demás se adelanta;
	y aunque más fama le den
	es tal, la verdad os digo,

que quita el habla a su amigo
cada vez que escribe bien.

Portugués I   ¡Maldiga Dios tal bajeza!

Portugués II   Poeta debéis ser vos.

Castellano I   Castigóme en serlo Dios.

Portugués II   ¿Y escribís con agudeza?

Castellano I   Dícenlo todos, que yo
no me tengo por agudo.

Portugués II   ¿Llamáisos?

Castellano I   Decirlo dudo,
que hasta el nombre me quitó
la envidia.

Portugués III   ¿Satirizáis?

Castellano I   No se hallará quien presuma
de mí que muerda mi pluma
a nadie. Antes, si miráis
lo que he impreso y lo que he escrito,
por modo y estilo nuevo
solemnizo a quien no debo
buenas obras.

Castellano III   Ya es delito
saber mucho.

Portugués IV   Debéis ser

soberbio; hacéis menosprecio
de los otros.

Castellano I

Solo el necio
al discreto osa morder;
que yo venero de modo
a los de mi profesión
que el menor me da lición;
pero ni lo alabo todo,
ni de todo digo mal.

Portugués I

De bobos es alabarlo
todo y todo despreciarlo,
de perverso natural;
más castigad su porfía,
hablando bien siempre de ellos,
que esto para convencellos
es socarrona ironía.

(Sale Antona.)

Antona

Ya yo he cenado; gocemos
la buena conversación
todos.

Portugués I

Puesto está en razón.

Castellano III

Asiento en medio la demos.

(Asiéntase Antona entre los castellanos.)

Antona

Esta vez me poso aquí,
aunque bien allá me estaba.
Pues bien, ¿de qué se trataba?

Portugués II	Conversación baladí;
	vos la habéis de mejorar.
	¿De dónde, hermosa aldeana?
Antona	Soy de Toro y castellana,
	que cuido os ha de pesar.
Portugués II	¿De Toro? No sé qué Antona
	de allá nos venden guerrera
	tanto y más que la Fornera
	portuguesa.
Antona	¡Oh! es gran presona.
Portugués II	¿Conocéisla vos?
Antona	Conmigo
	ha dormido más de un mes
Portugués I	Dizque al nombre portugués
	persigue.
Antona	También lo digo.
Portugués I	Pues ¿por qué?
Antona	Porque es leal;
	y mientras que ella viviere,
	en Castilla nunca espere
	coronarse Portugal.
Portugués IV	Pues ella, ¿qué saca de eso?

Antona	Lo que en esotro os va a vos.

Portugués IV

La culpa yo sé, por Dios,
quien la tiene.

Portugués II

       El poco seso
de mujer, que se ha metido
en lo que no va ni viene.

Portugués III

    Hile y barra.

Portugués IV

       No la tiene
sino el mandria del marido.
  Si ella fuera mi mujer
un roble descortezara,
cuando en aquello tratara,
en sus costillas.

Portugués I

       Querer
usurpar lo que le toca
al hombre, es mundo al revés,
y hacer cabeza a los pies.

Portugués III

Ella debe ser gran loca.

Portugués II

   Muchos me cuentan que ha muerto.

Portugués I

Cuentos de camino son,
que no es tan bravo el león
como lo pintan.

Antona

       ¡y cierto!
Pero hablar mal en ausencia
y de mujeres, ¿no ven

que no es de gente de bien,
y que es cargo de conciencia?
　　Si ella lo oyera ¿qué haría?

Portugués I　　　　　Llevarlo, hermana, en dos veces.

(Levántase y detrás ellos con el banco.)

Antona　　　　　Pues, ¡fanfarrones soeces,
yo soy Antona García;
　　si no tiemblan de ofendella,
en cuanto han hablado mienten;
porque de la heria cuenten
del modo que les hué en ella,
　　aguarden, pues hombres son!

Portugués I　　　　　¡Ay, que me ha muerto!

Portugués II　　　　　　　　　　¡Ay!

Antona　　　　　　　　　　　　Al cabo
conocerán si es tan bravo
como se pinta el león.
　　Tomar las de Villadiego
y desocupar la venta.
¡Presto!

Portugués II　　　　　　　¿Hay semejante afrenta?

Antona　　　　　¿No pican?

Portugués III　　　　　　Ya.

Antona　　　　　　　　　¡Luego, luego!

103

¡Acabemos!

Portugués IV   Ya nos vamos.

Portugués III   ¿Sin cenar?

Antona   No les dé pena,
que no engorrará la cena,
pues hartos acá quedamos.
    Dense priesa que se enfría
la olla.

Portugués I   ¿Hay demonio igual?

Antona   Y cuenten en Portugal
lo que es Antona García.

Portugués I   Una pierna me ha quebrado.

Portugués II   A mí los cascos.

Portugués III   Y a mí
las costillas.

Antona   ¿Qué? ¿Aún aquí
se están?

Portugués IV   ¡Demonio encarnado!
ya nos vamos.

Antona   Paso franco
les doy; caminen, y adiós.

Portugués I   Yo me acordaré de vos.

Portugués II	¡Oh, mujer!
Portugués III	¡Oh, Antona!
Portugués IV	¡Oh, banco!

(Vanse los cuatro portugueses.)

Antona
　　Pero Alonso, echad la tranca
　y volvamos a cenar;
　dejen ellos de temblar,
　y si van a Salamanca,
　　pues son todos castellanos,
　buen ánimo, que la cena
　mos convida a costa ajena.
　El enojo todo es manos.
　　Entren.

Castellano III
　　　　¡Mujer de los cielos,
　no tema al mundo Castilla
　contigo! ¡Ponga su silla
　en Grecia!

Antona
　　　　Llore sus duelos
　quien mal habla.

Castellano IV
　　　　De admirar
　no acabo su valentía.

Antona
　Luego ¿de esta niñería
　hacen caso? Alto, a cenar.
　　Huéspeda, salid acá.

(Éntranse los cuatro castellanos.)

Ventera (Aparte.)   ¿Qué manda? (Temblando vó.)

Antona   Sabed que preñada estó.

Ventera   Pues parillo.

Antona   Rato ha
            que los dolores me aprietan.
            ¿Sabreisme vos partijar?

Ventera   ¿No será mijor llamar
            la comadre?

Antona   No me metan
            con gente de esa manera;
            bonda que estéis aquí vos.
            Parárnoslo entre las dos,
            que yo no só comadrera.

Ventera   Pues entraos en mi aposento.

Antona   ¡Ay! No lo puedo sofrir.

Ventera   Entrad, pues.

Antona   ¿Qué aquesto es parir?
            No más matrimoñamiento.

Ventera   ¿Duele mucho?

Antona   Aunque me pesa
            no vos lo puedo negar.

106

Paramos y, alto, a cenar,
mientras se pone la mesa.

Ventera ¿Es buñuelo? Pregue a Dios
que aún después de haber parido
y un mes de cama cumplido
quedéis para mujer.

Antona ¿Vos
cuidáis que es Antona dama?
Antes de empezar la cena
he de parir y estar buena.

Ventera ¿Sin echaros en la cama?

Antona ¿Cama? ¡Qué gentil despacho!
¡Ay, dolores enfadosos!
Matara yo diez sebosos
por no parir un mochacho.

(Vanse. Sacan Velasco y Padilla preso al conde de Penamacor.)

Velasco Suceso, conde, son todos
de la guerra que se inclina;
como el juego a varias partes
gana y pierde la milicia.
Don Álvaro de Mendoza
os acometió a la vista
de Toro, cuando a Zamora
gozó Fernando rendida.
Peleastes como noble
y los vuestros con la vida
perpetuaron lealtades,
que su valor solemnizan.

Consolaos, que el que os rindió
es un Mendoza, que estiman
por su acreedor la fama,
por hijo suyo Castilla.

Conde   Los hados y las batallas
usan unas suertes mismas;
no bastan, soldado, en ellos
alientos si faltan dichas.
Don Álvaro es generoso;
cuando la espada le rinda
un conde de Portugal,
no menoscaba su estima,
ni es eso lo que más siento.

(Aparte.)   (¡Ay, labradora querida!
preso y sin ti ¿qué han de hacer
mis esperanzas marchitas?)
¿Dónde manda el rey llevarme?

Padilla   A la Mota de Medina;
una fortaleza fuerte
que de aquí seis leguas dista.
En esta venta haréis noche;
y, cuando el alba se ría,
madrugando, llegaremos
a la Mota al mediodía.

Velasco   En fe de vuestra palabra
y de nuestra cortesía,
habéis hasta aquí llegado
sin prisiones; mas no fía
el riesgo con que os traemos,
de una venta, por antigua,
flaca, y en que, sin defensa,

el más seguro peligra.
Éste es camino corsario
de Portugal y Castilla;
y andando todos de guerra,
si tienen de vos noticia,
procurarán libertaros.
Esta ocasión es precisa
para poneros prisiones.

Conde   Quien las tiene más prolijas
en el alma, no hará caso
de las que los pies me opriman.

Velasco   Pues echadle esta cadena.

(Échanle la cadena.)

Conde   Si estos pleitos se averiguan
y hay paces, como se trata,
poco durarán desdichas,
donde el valor se acrisola
y la lealtad se ejercita.

Velasco   Haced despejar la venta,
y dad vos orden, Padilla,
de que aderecen al conde
cena breve y cama limpia.
En llegando los soldados
que en su guarda el rey envía,
hagan sus cuartos de posta
y de seis en seis alistan.
Todas estas prevenciones
requiere la mucha estima
de tan noble prisionero.

Conde (Aparte.)   (¡Ay, bella Antona García!)

(Salen Antona y la Ventera.)

Ventera   Mirad que es temeridad
                       la que hacéis; recién parida,
                       como una granada abierta,
                       la más valiente peligra.

Antona   No soy nada escolimosa;
                       ni porque esté dolorida
                       he de engorrarme en la cama.
                       ¿Que es lo que salió?

Ventera   Una niña
                       tan hermosa como vos,
                       que llora de pura risa.

Antona   Lo peor que pudo ser,
                       mala noche y parir hija.
                       Lavadla por vida vuesa;
                       y, después que esté bien limpia,
                       hed de una sábana y manta
                       los pañales y mantillas,
                       que yo lo pagaré todo.

Ventera   Amamantadla, que es linda;
                       dadla el pecho, no se muera,
                       y echaos; comeréis torrijas
                       con canela, miel y huevos.

Antona   En mi tierra no se crían
                       los hijos tan regalones;

mas no si démosle guindas.
Apenas nace ¿y ya llora
por mamar? Ayune un día
o si no váyase al cielo,
ahorraráse de desdichas.

Ventera   ¿Hay tal mujer?

Antona   Bautizadla
primero, viva o no viva;
que esto es lo que más la importa.

Ventera   ¿Vos sois madre?

Antona   Estoy deprisa.

Ventera   ¿Si muere?

Antona   ¿Qué mayorazga
o infanta pierde Castilla?
Siendo mujer no hará falta.
Postemas son las nacidas;
habrá una postema menos.

Ventera   Andad, Antona García;
que aunque más disimuléis,
la amáis como a vuesa vida.

Antona   Si va a deciros verdades
a la fe, huéspeda mía,
que aunque esto digo, me muero
por besarla la boquilla.
Salió, en fin, de mis entrañas,
un pedazo es de mí misma

111

y era su padre un buen hombre.

Ventera   Sois madre ¿qué maravilla?

Antona   Soldemente es mal agüero
que nazca aquí.

Ventera   ¡Bobería!

Antona   Mujer y en venta, ya veis
que de males pronostica.

Ventera   Pues aquí ¿qué se le pega?

Antona   Malas costumbres son tiña
de mesones y posadas,
donde vive la codicia.
Todo en la venta se vende
y después me pesaría
que saliese a la querencia
mal criada y sacodida.

Ventera   De las cepas uvas nacen
y de los cardos espinas.
Si sois vos honrada, Antona,
también lo será vuesa hija.
Andad acá, dadla el pecho.

Antona   Mijor será una escodilla
de sopas en vino.

Ventera   Ansí
se amamantan en Galicia.

Antona	Pues no le va en zaga Toro;
	do las madres son sus viñas,
	las amas son sus tinajas
	y los pechos sus espitas.
	Mas veamos la chicota.
Velasco	Huéspeda, una escuadra envía
	nuestro rey con este preso
	a la Mota; dejad limpia
	de huéspedes la posada.
Antona	¿Conde?
Conde	¿Labradora mía?
Antona	¿Preso vos? ¿Cómo o por quién?
Conde	Ya con vuestra amada vista
	estoy libre; ya no temo
	desgracias que me persigan.
	Don Álvaro de Mendoza
	salió con seis compañías
	de castellanos, sabiendo
	dónde estaba, por espías.
	Peleamos junto a Toro,
	quedó muerta y destruida
	mi gente y yo prisionero
	de su valor. ¿Qué más dicha,
	pues os hallo por su causa?
	Los reyes, en fin, me envían
	preso, a fuer de buena guerra,
	a la Mota de Medina.
Antona	¿Y os traen estos dos no más?

Conde	Y una escuadra que camina
	detrás con treinta mosquetes.
Antona	¿Acordaisos cuando herida
	me defendisteis en Toro
	de aquella doña María
	y de todos sus parientes?
Conde	Pendiendo de vos mi vida,
	no hice mucho, si era fuerza
	morir yo sin vos.
Antona	No olvidan
	deudas de tanta importancia
	las que son agradecidas.
	Soldados, o lo que son,
	vuélvanse a Zamora y digan
	al don Álvaro que lleva
	al conde Antona García,
	que ella dará cuenta de él.
Velasco	¿Cómo es eso?
Padilla	Desatina
	la villana.

(Sale Pero Alonso.)

Antona	Pero Alonso,
	entre tanto que reprican,
	quitadle al conde esos hierros,
	y entra en la caballeriza,
	donde hallaréis una yegua;

114

ponedla el freno y la silla
en que vuelva a Toro el conde.

Velasco   ¡Oigan la mujer!

Antona   Aprisa,
primero que esotros lleguen;
que yo no estoy para riñas.

(Pero Alonso va a quitar la cadena.)

Padilla   ¿Qué haces, hombre del diablo?

Antona   Él sabe lo que hace.

Padilla   Mira
que a Fernando y a Isabel
ofendes.

Antona   Si los avisan
que es Antona quien lo manda,
y que así se desobriga
de otro tanto que hizo el conde
por ella y que queda viva
y a su servicio como antes,
daráles buenas albricias.
Callar y sofrir conviene
que no estó para porfías.

Velasco   Parece que habla de veras.

Antona   ¡No sino el alba!

(Quítasela Antona.)

Velasco   ¿No es linda
                    la flema de la villana?
                    ¡Vive Dios, que se la quita!

Padilla   ¿Estás borracha, mujer?

Velasco   ¡Y el conde que se la mira
                    elevado en contemplarla!

Padilla   Dadla con esta petrina
                    tres o cuatro latigazos,
                    que es la mejor medicina
                    para locos.

Antona   Mal conocen
                    con quien lo han.

Conde   Antona mía,
                    por mi causa no pongáis
                    en peligro vuestra vida,
                    que ya los soldados llegan
                    y os han de matar.

Antona   Daos prisa.
                    Huéspeda, vos entretanto
                    matad un par de gallinas
                    que estén tiernas para el conde,
                    y mientras se asan o guisan,
                    aparejad esa yegua
                    vos, Pero Alonso, que encima
                    llegará, aunque por rodeos,
                    nueso conde, más aína
                    a dó los suyos están.

Ventera	La yegua, Antona, no, es mía,
	que es alquilada.
Antona	¿Qué importa?
	Pagarla. Démonos prisa.
	Cincuenta coronas traigo.
	Tomaldas.
Ventera	Temo que riña
	mi dueño.
Antona	No hablemos tanto,
	que me toma la mohína.
Ventera	¡Ay!
Antona	O somos o no somos.
Ventera	Reguilando estoy de oírla,
	Antona, hez lo que queréis,
	que tiemblo en viéndoos con ira.
Antona	Ensilladla, Pero Alonso;
	y ellos, si el consejo estiman,
	antes que la murria vuelva
	de quien en paz los avisa,
	agarrar, la puerta huera,
	el camino haldas en cinta,
	o saldrán por las ventanas.
Velasco	¡Oigan, que nos desafía!
Padilla	¡Oh, villana fanfarrona!

                    Aunque sea acción indigna
                    el poner en ti las manos,
                    ¡vive el cielo!

Antona   ¿Qué aún prohidian?
                    Pues miren, yo no he de her
                    mal de importancia a quien sirva
                    a la reina, de quien soy
                    leal vasalla y amiga;
                    pero por los cabezones,

(Sácalos fuera de este modo.)

                    agarrándolos ansina,
                    los he de poner a pares
                    en el campo de paticas.
                    Caminen vuesas mercedes;
                    y agradezcan de rodillas
                    a nuesa reina, que llevan
                    en su lugar las costíllas.

Velasco   ¡Que me ahoga!

Padilla   ¡Que me mata!

Antona   ¿Qué se quejan? Que no lisian
                    tanto las manos de Antona.

Padilla   ¿De quién?

Antona   De Antona García.
(Échalos.)   Pero Alonso, por si acaso
                    vien la gente a la hostería,
                    echad la aldaba a la puerta

118

y arrimadla un par de vigas.

Conde   ¡Vive el cielo, que sospecho
que mis ojos desatinan
y que está fingiendo el alma
lo que entre sueños me pintan!
Aldeana portentosa,
basta que os deba la vida
y libertad; joyas traigo;
vencedme, si sois servida
en hazañas, no en largueza.
Yo pagaré.

Antona   A quien convidan
coma y calle, y luego alón;
lo demás no es cortesía.
Callar, cenar y picar
es lo que importa. La chica,
huéspeda, vos encomiendo.

Ventera   Envuelta está ya y dormida.

Antona   Pues pelad luego, las aves.

(Vanse la Ventera y Pero Alonso.)

Conde   Mejor, si gustáis, sería
antes que llegue la escuadra
caminar, Antona mía.

Antona   Habéis de cenar primero,
venga o no venga.

Conde   Osadía

es la vuestra peligrosa.

Antona   No es valiente quien replica.
Tres trancas tiene la puerta;
si vienen y la derriban,
por la zaga del corral
buscaremos la guarida.
Contadme ahora despacio,
¿qué hay de Zamora?

Conde   Perdida,
por trato de los de dentro,
a Toro el rey se retira.

Antona   ¿Que la perdió el rey Alfonso?

Conde   Sí, mi Antona.

Antona   Cuatro higas
para todo Portugal,
si Zamora es nuestra amiga.

Conde   Yo os prometo que se vio
mi rey, a no darse prisa
al salir, casi en las manos
de los reyes de Castilla.

Antona   ¡Ojalá! Mas, ¿cómo hué?
Proseguid, por vuesa vida.

Conde   ¿Y si vienen los soldados?

Antona   Mientras se asan las gallinas.

Conde	Yo, es fuerza que os obedezca; porque en vuestro gusto estriba mi contento, aunque otra vez me prendan.
Antona	Acabe, diga.
Conde	El alcaide de la puente de Zamora, que traía tratos con los castellanos...
Antona	¡Ay!
Conde	¿Qué tenéis?
Antona	Dolorida estoy, desde un hora acá, de cierto achaque. Prosiga; que no es nada.
Conde	¿Cómo no, si os adoro?
Antona	Ya se alivia. Vaya aquello de la puente.
Conde	La cara se os amortigua.
Antona	Oyendo yo que mi reina venció, todo se me quita. Adelante.
Conde	A medianoche, al rey don Fernando avisa,

que llegaba por la posta
de Burgos.

Antona   ¡Virgen bendita,
qué gran dolor!

Conde   ¿Qué sentís?
Mirad que me martirizan
vuestros extremos.

Antona   No es nada.
Ya estoy buena. Diga, diga,
¿ganó mi reina la puente?

Conde   Por más que la defendía
mi rey con todo su campo.
La ciudad se le amotina;
y diciendo a voces todos
¡Fernando e Isabel vivan;
don Alfonso y doña Juana
mueran!...

Antona   ¡Qué bien que decían!

Conde   A no retirarse luego
los dos a Toro, peligran.
Quedó Zamora, en efecto,
por vuestros reyes, que sitian
la fortaleza, si bien
se defiende, guarnecida
por el mariscal su alcaide.

Antona   ¡Ay!

Conde	¿Qué es eso, Antona mía?
Antona	No es nada: atendedme un rato.
Conde	Dadme licencia que os siga.
Antona	No hay para qué; al punto vuelvo.
Conde	Pues, ¿qué hay?
Antona	Rempujé una hija, y debió de quedarme otra acá. No haré son parirla y al instante doy la vuelta.
Conde	¿Cómo es eso?
Antona	¿Mari Díaz? ¿Huéspeda?
Ventera (Dentro.)	¿Quién llama?
Antona	Antona. ¡Ay, Jesús! ¡Aprisa, aprisa!

(Vase Antona.)

Conde	¿Qué mujer es ésta, cielos! ¿Ansí se paren dos niñas?

(Sale Pero Alonso.)

Pero	Si habemos de irnos, ya están cena y yegua apercibidas.

Conde	¿Venís con Antona vos, hombre de bien?

Pero	Es mi prima.

Conde	¿Y es de bronce esta mujer?

Pero	Tiene condición rolliza. Pero, ¿por qué lo pescuda?

Conde

Porque de una hora parida,
como quien no dice nada,
segunda vez solicita
otro parto, y que la espere
dice, porque a la hora misma
que pariere, volverá
a que mi historia prosiga.
¿Esto se puede creer?

Pero

Si a Antona se le encapricha
una cosa en el meollo,
el diabro que la resista.
Parirá, si se le antoja,
diez muchachos en un día,
y se irá sin hacer cama
al punto a podar las viñas.
Es mujer de digo y hago.

Conde

Es prodigio de Castilla.

(Salen Antona y la Ventera.)

Ventera

Antona, mal vos queréis;

acostaos.

Antona   ¿Es chico o chica?

(Vase Pero Alonso.)

Ventera   Chica como unas candelas.

Antona   Pues quillotrádmela, amiga,
de la manera que a esotra,
no se muera si se enfría,
que luego las daré el pecho.

Conde   Pues ¿ansí Antona querida,
os salís acá?, ¿queréis
ser de vos misma homicida?

Antona   No hayais miedo que me muera.
Ya yo me siento guarida.
Vaya la hestoria adelante,
que a fe que me regocija.

Conde   ¿Qué decís?

Antona   No sea pesado.
Quedamos en que tenían
cercada la fortaleza
los nuesos, y que retira
los suyos el portugués
a Toro.

Conde   Es ansí.

Antona   Pues diga,

¿desafióle Fernando?

(Sale Pero Alonso.)

Pero

Antona, ya están a vista
los soldados de la venta.

Antona

Ansí, pues, para otro día
se quede el cuento. Envolved,
Pero Alonso, esas chiquillas
en vuesa capa y atadlas,
que llevándolas yo encima
las espaldas, como alforjas,
pareceré pelegrina,
de estas que vienen de Francia.
Y vos, conde, pues vos libra
quien vos paga lo que os debe,
sobí en la yegua y abridla
por los hijares, picando
a Toro, si no camina.
Huéspeda, no me contento
con lo que os di; agradecida
seré con vos a la vuelta.
¡Alto de aquí!

Conde

     Maravillas
llevo a mi rey que contar.
Antona del alma mía,
no os olvidéis de mi amor.

Antona

Quien bien quiere, tarde olvida.

Conde

Pues ¿quereisme vos?

126

Antona	No sé.
Conde	¿Qué soy digno de tal dicha?
Antona	Mirad, yo bien me casara con vos, la guerra comprida, pero temo...
Conde	¿Qué teméis?
Antona	Esto de parir lastima.
Conde	Ojalá que os viera en eso mi ventura.
Pero	Vamos, prima, que todo está a punto.
Antona	Vamos.
Conde	En fin ¿prometéis ser mía?
Antona	Sí, con una condición.
Conde	¿Y es?
Antona	¿Juráis vos de cumplirla?
Conde	Claro está.
Antona	Que vos paráis los hijos y yo las hijas.

(Vanse. Salen el rey don Fernando y la reina Isabel el Almirante, el Marqués de Santillana, don Antonio de Fonseca y don Álvaro de Mendoza.)

Almirante   Pues algo he yo de valer
con vuestra alteza, señor,
concédame este favor.

Fernando   Cuanto pidáis he de hacer;
mas la reina, mi señora,
a los que rebeldes son
no gusta de dar perdón.

Almirante   Ansí entréis, como en Zamora
en Toro, Isabel gloriosa;
que en el duque de Plasencia
resplandezca la clemencia
que os da fama generosa.

Reina   El rey, mi señor, podrá
hacer lo que sea servido.

Fernando   Yo por mí, mi ofensa olvido.

Reina   Pues por mí olvidada está.

Almirante   Dadme los dos esos pies.

Marqués   No he de valer menos yo
con vuestras altezas.

Fernando   No.
Alzad del suelo, marqués;
que os debo yo esta corona.

Marqués	El de Villena que ordena serviros.
Reina	Deje a Villena, siendo duque de Escalona, y el rey, mi señor, con esto a su servicio le admite.
Marqués	Si vuestra alteza permite...
Fernando	Fuera de este presupuesto la reina no le perdona.
Marqués	Siquiera porque a estos pies...
Reina	Sin Villena sea marqués y duque con Escalona.
Marqués	Contento con eso quedo.
Antonio	El arzobispo, señor...
Fernando	Es mi padre intercesor de la mitra de Toledo. Don Antonio de Fonseca, por él en Castilla entré.
Reina	El la total causa fue de reinar los dos.
Fernando	No trueca la mudanza obligaciones en el generoso pecho; muchos servicios me ha hecho;

pervirtiéronle razones
   de gente indiscreta y moza.
No pudo acabar consigo
ver privar a su enemigo
el cardenal de Mendoza.
   Pues mi padre, el rey don Juan
de Aragón, me lo ha mandado;
sus canas y el ser prelado
a quien sujetos están
   todas las mitras de España,
ablanden, Isabel mía,
sentimientos este día.

Reina
Vuestra es, señor, esa hazaña,
   y mío el obedeceros.
Fuera de que nunca estuvo
el arzobispo, aunque tuvo
tanto ánimo de ofenderos,
   lejos de la voluntad
que, como a padre, le tengo.

Fernando
Perdón general prevengo
a todos.

Antonio
            La adversidad
   nunca indigna al generoso
tanto que venciendo intente
satisfacerse inclemente.

Reina
El pleito fue tan dudoso
   entre doña Juana y mí
que los que la obedecieron
por hija de Enrique y dieron
en seguir su bando ansí,

no por esto han incurrido
en deslealtad, ni en traición.
Probable fue su opinión;
la nuestra ha favorecido
el cielo, que está animando,
señor, vuestra real clemencia.

Marqués   Sola es digna tal sentencia
de Isabel y de Fernando.

(Sale Bartolo.)

Bartolo (Desde lejos.) ¡Señor! ¡Ah, señor!

Álvaro   ¿A quién
llamas, pastor?

Bartolo   A nueso amo.

Álvaro   ¿A cuál?

Bartolo   Al rébede llamo.

Antonio   ¡Bartolomé!

Bartolo   Y á él también.

Antonio   ¿Qué quieres?

Bartolo   Es un secreto
que no les tien de pesar.

Antonio   Llégate, pues.

Bartolo	No he de hablar si en puridad. Só discreto. ¿Piensan que vengo de vicio?
Fernando	¿Qué quiere aquese pastor?
Bartolo	Alléguese acá, señor; háganos este servicio; que a fe que he topado cosa que no poco ha de importarle. Si a solas no puedo habrarle, mi vuelta será forzosa.
Fernando	No temas. ¿Qué quieres? Llega.
Bartolo	¿Que me llegue? Llegaos vos, que os importa, y si no adiós; que aquí nenguno vos ruega. Llegue ella también, señora, y traiga al señor Antón consigo, que todos son amigos.
Reina	La labradora nuestra amiga ¿no tenía este pastor por criado?
Antonio	Sí, gran señora; el ganado guardó de Antona García. No haga vuestra alteza caso de él, que es un simple.
Bartolo	Verá; ¿qué temen llegarse acá?

	Pues si el vado otra vez paso,
	no ganará por hogaño
	a Toro el rey.

Fernando
                    ¿Cómo es esto?
¿Vado tiene el río?

Bartolo
                         De presto
o voyme.

Fernando
                   ¡Suceso extraño!
¿Que se puede vadear
Duero aquí cerca?

Reina
                         Lleguemos,
y de él la verdad sabremos.

Antonio
No tienen que sospechar,
   vuestras altezas, que en él
ni hay malicia ni hay traición.

Bartolo
No han de llegar más que Antón,
el rébede y su Isabel.

(Aléjanse los tres.)

Fernando
        Ya estamos solos. ¿Qué dices?

Bartolo
¿Es él el rébede?

Fernando
                    Sí.

Bartolo
¿El no más?

Fernando   Acaba, di.

Bartolo   ¿Con sus ojos y narices?
                 ¿Que no más aquesto es rey?
               Por volverme all hato estó;
               imaginábale yo
               del tamaño de un gran buey.
                 Hará bien, ya que ha venido.
               ¿Su altura holgárase entrar
               esta noche en Toro y
               dar sobre el portugués dormido?

Fernando   ¿De qué modo?

Bartolo   Aquesta noche
               sí, por do yo vadeare
               a Duero, no hay que repare;
               bien puede pasarle un coche,
                 callando quiere seguirme,
               con gente que sea de pró,
               que atrevo a ponerle yo
               en Toro; no hay son decirme
                 cuando ha de ser, y chitón.

Fernando   Pues ¿por dónde hemos de entrar?

Bartolo   Mire, por aquel lugar
               los derrumbideros son
                 tan ásperos y seguros,
               que como el río, ya ve,
               los baña y no tiene pie,
               están sin guardas y muros.
                 Yo sé, días ha, un atajo
               por do de Toro sacaba

el ganado y le llevaba
por esas cuestas abajo
  al valle; y si se me antoja
entro y salgo en la ciudad
sin verme nadie.

Antonio   Es verdad;
hacia allí nadie se aloja.

Bartolo   Señale su señoría,
y créame, un escuadrón
que lleve el señor Antón,
y héndolos yo por guía
  vadearé a Duero, y tras mí
irán subiendo después.
Ello enfecultoso es
saber trepar por allí.
  No hay atajo sin trabajo;
mas yo los, pondré en media hora
adonde, como en Zamora
cuando repiqué el badajo
  a rebato, sin chistar
les demos castellanada.
Aquí no se pierde nada
y se aventura a ganar
  mucho. Yo tomo esta empresa
a mi cargo.

Fernando   Mirad bien
si es fiel ese pastor.

Bartolo   ¿Quién?
Yo sirvo a la Antona nuesa;
  y ella y yo, si imaginó

cosa que llegue a ofendella,
hace mal; porque yo y ella
somos —¿qué piensa?— ella y yo.

Antonio

No hay que recelar. Yo tomo
por cuenta mía esta hazaña.

Fernando

Si sabéis que no os engaña.

Bartolo

¿Engañar? ¿No digo el cómo?

Fernando

Yo, Fonseca, os haré dar
gente de satisfacción
o escogelda vos.

Bartolo

Si son
hombres que saben trepar
síganme y déjenme a mí.
Pero, por paga quisiera
que su reinura me diera...
¿pedirélo?

Fernando

Pide, di.

Bartolo

Llamarme, en el mesmo día
que yo la gente ganase
y su altura en Toro entrase,
Bartolomé de la Guía,
y quedar libre de pecho
y alcabala.

Fernando

Yo te haré
hidalgo, pastor.

Bartolo	¿A fe
	que lo hará? Pues esto es hecho.

(Vase Bartolo.)

Fernando	Oíd.
Antonio	A rebato toca
	el campo.

(Sale Antona con dos muchachas al cuello, metidas en unas alforjas, una detrás y otra delante.)

Antona	¿Señora mía?
Reina	¿Qué es esto, Antona García?
Antona	¿Qué sé yo? Hazañas de loca.

    Viene un ejército en zaga
de sebosos contra vos,
y divididos en dos,
que mal el cielo los haga;
    dicen que es el capitán
del uno el hijo heredero
de Alfonso, y rige el zaguero
el duque de Guimarán.
    Éste me quiso prender,
más yo, hendo poco caso
de ellos, por enmedio paso
hasta veniros a ver,
    con aquestas dos chequillas
que he acabado de parir,
para que os puedan servir
en saliendo de mantillas.

Reina	Estimo yo, Antona amiga,
	el veros con libertad
	tanto y más que a la ciudad
	de Toro.
Antona	Dios la bendiga
Reina	Hablad al rey, mi señor.
	Ésta es la Antona García
	que a vuestra alteza decía.
	Hágala mucho favor.
Fernando	Yo os haré merced, Antona,
Antona	¡Qué presencia tan cabal!
	En fin, sois tal para cual;
	bien vos viene la corona.
Fernando	Al camino los salgamos,
	castellanos, si os parece,
	que si el enemigo crece,
	peligros acrecentamos.
Almirante	Cansados, señor, vendrán;
	la batalla presentemos.
Antonio	Eso sí, tras ellos demos.
	Sepa el príncipe don Juan
	quien es el rey don Fernando
	y la su doña Isabel.
Fernando	Marchad, pues.

138

Antonio	¡Bien haya él y los que siguen su bando!

(Sale Bartolo.)

Bartolo	Señor, deténgase, espere.
Fernando	¿Qué quieres?
Bartolo	Téngase, digo, que no tien ya para que seguir a los enemigos.
Fernando	¿Por qué causa?
Bartolo	Porque salen con su gente Alfonso el quinto, los tamboriles tocando, desde Toro a recibirlos. Yendo contra tres zuizas su altura ya ve el peligro que tién, seyendo tan pocos. Reciba el reye a su hijo y huélguese en hora buena; volveráse por do vino, mientre que acá le ganamos aqueste Toro o novillo. Esta noche ha de quedar por suya.
Fernando	Discreto has sido. Si la conquisto, él ausente, darse puede por vencido.

Marqués	Ésta es ocasión dichosa
	pues solamente el presidio
	ha de dejar ordinario
	el rey.
Bartolo	¿Velo? Lo adivino.
Fernando	Alto. Antonio de Fonseca,
	de vuestro valor confío
	el riesgo a que os arrojáis.
Antona	¿Qué es esto, Bartolo amigo?
Bartolo	Esto es pasar por el vado,
	agora que es de noche el río,
	y subiendo aquellas cuestas
	por do baja su cabrío,
	ganar a Toro.
Antona	¡Oh, qué bien!
Bartolo	¿Qué la parece?
Antona	Que has dicho
	verbos por aquesa boca.
	Ténganme allá este envoltijo,
	que yo he de ser la primera
	que pase el Duero.
Fernando	Éste es brío
	de española.
Antonio	Cumplirálo
	del modo que ha prometido.

140

Fernando	Dénle mi caballo a Antona.

Antona

¿El suyo? Dambos hocicos
pongo en estas dambas patas.

Fernando

Alto, don Antonio amigo,
que os quiero ver vadear
desde aquí el Duero.

Antonio

                              Ya animo
el alma a mayores hechos
con tal merced.

Bartolo

                              Yo los guío.

Antona

Echad acá la bandera,
serviráme de corpiños
mientras cuelo todo el vado
que refresca y he parido;
que después yo la pondré
en el mango más prolijo
y en torno de aquellas torres
que acompañan el castillo.

Antonio

Vamos en nombre de Dios.

(Vanse los tres.)

Bartolo

Sobí, Antona.

Antona

                    Ya me aplico.

(De dentro hablan los tres.)

Antonio	¿De un salto?
Antona	Pues ¿qué pensaba? No sé de frenos ni estribos. ¡Dios me la depare buena!
Bartolo	Síganme a mí derechitos, que tien Duero alrededore muchas ollas sin tocino.
Fernando	Ya llegan a la mitad.
Reina	Dios los saque de peligro.
Bartolo (Dentro.)	Ánimo, Antón de Fonseca, que ya colamos.
Antona (Dentro.)	Ea, hijos, no hay que temer con Antona.
Bartolo (Dentro.)	Guardáos de este remolino; echad ancia man derecha.
Antonio (Dentro.)	¡Gracias a Dios que salimos!
Marqués	De la otra parte están ya en seguro.
Fernando	No ha mentido el pastor. Yo, mi Isabel, le premiaré este servicio. Acudamos a la puente, porque en dándonos aviso

de que están muertas las guardas,
es el socorro preciso.

Bartolo (Dentro.) No caigan, suban con tiento,
que nos falta, como dijo
el otro, por desollar
el, ya me entienden, quedito.

Antonio Yo he de trepar como un gamo.

Antona Soy ágil.

Antonio   Y mógil.

Bartolo   ¡Vítor!
¿Agilimógili sois?
Ábriréis el apetito.

Antona ¡Ay de vos, María Sarmiento,
si os cojo!

Antonio   ¡Qué ásperos riscos!

Bartolo Hablen paso, no despierten.

Antona Pagaréisme a mi marido.

(Aparécense los tres sobre los muros.)

Antonio Ya estamos sobre la cerca.

Antona Sobí en ella de dos brincos.

Fernando ¡Al arma, mis castellanos!

Todos	¡Vivan los reyes invictos don Fernando y su Isabel!
Unos	Entrados; somos vecinos y ciudadanos de Toro.
Otros	¡Aquí, que somos perdidos!

(Pelean.)

Antona	¡A ellos, que aquí está Antona!
Bartolo	Encerróse en el castillo la Sarmienta.
Antona	Sacaránla mis venganzas de su nido.

(Salen.)

Antonio	Todos huyen.
Antona	¡Ah, sebosos!
Antonio	La puente han acometido los reyes, y entran triunfando. Salgamos a recibirlos.
Antona	Señores, los que me escuchan, todo cuanto agora han vido es hestoria verdadera de previlegios y libros. Esto es solo la mitade,

y el poeta que lo ha escrito
guarda para la otra media
muchos casos pelegrinos.
Si quieren ver en qué para
la Antona de Toro, aviso
que para el segundo tomo
desde luego los convido.

Fin de la comedia

Libros a la carta

A la carta es un servicio especializado para
empresas,
librerías,
bibliotecas,
editoriales
y centros de enseñanza;
y permite confeccionar libros que, por su formato y concepción, sirven a los propósitos más específicos de estas instituciones.

Las empresas nos encargan ediciones personalizadas para marketing editorial o para regalos institucionales. Y los interesados solicitan, a título personal, ediciones antiguas, o no disponibles en el mercado; y las acompañan con notas y comentarios críticos.

Las ediciones tienen como apoyo un libro de estilo con todo tipo de referencias sobre los criterios de tratamiento tipográfico aplicados a nuestros libros que puede ser consultado en Linkgua-ediciones.com.

Linkgua edita por encargo diferentes versiones de una misma obra con distintos tratamientos ortotipográficos (actualizaciones de carácter divulgativo de un clásico, o versiones estrictamente fieles a la edición original de referencia).

Este servicio de ediciones a la carta le permitirá, si usted se dedica a la enseñanza, tener una forma de hacer pública su interpretación de un texto y, sobre una versión digitalizada «base», usted podrá introducir interpretaciones del texto fuente. Es un tópico que los profesores denuncien en clase los desmanes de una edición, o vayan comentando errores de interpretación de un texto y esta es una solución útil a esa necesidad del mundo académico.

Asimismo publicamos de manera sistemática, en un mismo catálogo, tesis doctorales y actas de congresos académicos, que son distribuidas a través de nuestra Web.

El servicio de «libros a la carta» funciona de dos formas.

1. Tenemos un fondo de libros digitalizados que usted puede personalizar en tiradas de al menos cinco ejemplares. Estas personalizaciones pueden ser de todo tipo: añadir notas de clase para uso de un grupo de estudiantes, introducir logos corporativos para uso con fines de marketing empresarial, etc. etc.

2. Buscamos libros descatalogados de otras editoriales y los reeditamos en tiradas cortas a petición de un cliente.